Mit Pferden unterwegs

Band 48

OutdoorHandbuch

Dr. med. Dietlinde Burkhardt &
David Meissner

Für Frauen

BASIXX - BASISWISSEN FÜR DRAUSSEN

Alle Informationen, schriftlich und zeichnerisch, wurden nach bestem Wissen zusammengestellt und überprüft. Sie waren korrekt zum Zeitpunkt der Recherche. Eine Garantie für den Inhalt, z.B. die immerwährende Richtigkeit von Preisen, Adressen, Telefon- und Faxnummern sowie Internet-Adressen, Zeit- und sonstigen Angaben, kann naturgemäß von Verlag und Autor - auch im Sinne der Produkthaftung - nicht übernommen werden.

Die Autoren und der Verlag sind für Lesertipps und Verbesserungen (besonders als E-Mail) unter Angabe der Auflagen- und Seitennummer dankbar.

Titelfoto: Wales: Offa's Dyke Path von Ingrid Retterath

OutdoorHandbuch aus der Reihe "Basiswissen für draußen", Band 48

ISBN 3-86686-048-X (978-3-86686-048-3) 2. Auflage

Dieses OutdoorHandbuch wurde konzipiert und redaktionell erstellt vom
Conrad Stein Verlag GmbH, Postfach 1233, 59512 Welver,
Dorfstr. 3a, 59514 Welver, ☏ 02384/963912, FAX 02384/963913,
info@conrad-stein-verlag.de, www.conrad-stein-verlag.de.

Unsere Bücher sind überall im wohl sortierten Buchhandel und in cleveren Outdoorshops in Deutschland, Österreich und der Schweiz erhältlich.
Auslieferung für den Buchhandel:

D Prolit, Fernwald und alle Barsortimente
A freytag & berndt, Wien
CH AVA-buch 2000, Affoltern und Schweizer Buchzentrum
I Mappa Mondo, Brendola

Text und Fotos: Dr. med. Dietlinde Burkhardt & David Meissner
Lektorat: Kerstin Becker
Layout: Manuela Dastig
Gesamtherstellung: AZ Druck & Datentechnik GmbH, Kempten

Dieses OutdoorHandbuch hat 85 Seiten mit 14 schwarzweißen Abbildungen sowie 1 Illustration. Es wurde auf chlorfrei gebleichtem Papier gedruckt und der größeren Strapazierfähigkeit wegen mit PUR-Kleber gebunden.

0069000

Inhalt

Über die Autoren

David M. Meissner sammelt seit 20 Jahren Erfahrung als Outdoor-Trainer. Inzwischen als Profi reicht sein Arbeitsfeld von Organisationen der Kinder- und Jugendpflege, über Schulen bis hin zu Unternehmen der freien Wirtschaft. Nach seiner Ausbildung als Tischler und seinem Studium der Rechtswissenschaften arbeitete David M. Meissner als Redakteur, freier Autor und Studienberater. Seine erlebnispädagogische Ausbildung absolvierte er nebenberuflich bei verschiedenen Organisationen und im freien Studium.

Er ist Jahrgang 68. Mit seiner Frau Isabel und seiner Tochter Judith lebt er vor den Toren Münchens.

Dr. med. Dietlinde Burkhardt ist Ärztin und arbeitet seit vielen Jahren als Autorin, medizinische Redakteurin und Journalistin sowohl im fachwissenschaftlichen als auch populärmedizinischen Bereich. Sie ist Autorin zahlreicher Gesundheitsratgeber und Patienteninformationen zu verschiedenen medizinischen Themen in gedruckter Form und im Internet. Eines ihrer Schwerpunktthemen ist das Fach Reisemedizin. Ihre Freizeit verbringt sie vor allem mit Reisen und verschiedenen sportlichen Aktivitäten, bevorzugt im Outdoor-Bereich.

Symbole

✋	Achtung!	💻	Homepage	☺	Tipp
📖	Buchtipp	ℹ	Information	☞	Verweis

Einleitung

Wie wären längst vergangene Expeditionen wohl ausgegangen, wenn damals schon Frauen mit von der Partie gewesen wären? Tatsache ist, dass, wenngleich Männer im Allgemeinen körperlich leistungsfähiger sind, Frauen doch mehr seelische Stärke besitzen. Und bei Outdoor-Aktivitäten kommt es oft mehr auf das psychische Durchhaltevermögen an als auf das physische. Als Frau ist man also gewiss nicht die schlechtere "Outdoorerin" oder auch nur das schwache Geschlecht.

Zugegeben, aufgrund von kulturellen und religiösen Gegebenheiten ist es für Frauen in anderen Teilen der Welt schwerer, außerhalb des ihr "gebührenden" Umfeldes unterwegs zu sein. Ob sie dort hinmöchte, muss jede Frau selbst entscheiden. Unbestritten gibt es aber auch genügend Wildnisgebiete, in denen und um die herum solche Probleme gar nicht bestehen. Das Outdoor-Feeling kann also auch ganz ohne frauenspezifische Unwägbarkeiten genossen werden. Und wer mehr Risikobereitschaft mitbringt, kann heute fast überall hin.

Mit einem kleinen allgemeinen Einstieg in verschiedene frauenspezifische Problembereiche wollen wir Ihnen Mut machen, in unbekanntes Land vorzustoßen. Durch gute Vorbereitung und fachkundige Information werden viele Hindernisse schon im Voraus beseitigt. Individualreisen und Outdoor-Unternehmungen gehören zu den bereicherndsten Erfahrungen, die man sich wünschen kann! Bereiten Sie sich einfach gut vor und wagen Sie dann Neues!

Sollte es hier manchmal so klingen, als lauere hinter jeder Ecke ein Vergewaltiger, eine Infektion oder auch nur schlechtes Wetter, dann müssen wir gleich klären: Die wenigsten der angesprochenen Probleme sind alltäglich. Ganz im Gegenteil: Wirklich gefährliche Situationen tauchen eigentlich erst auf, wenn Sie schon einige Erfahrungen gesammelt haben und daraufhin mutiger geworden sind.

Was wir hier schreiben, kann Ihnen diese Erfahrung natürlich nicht ersetzen. Der vorliegende Text stellt lediglich eine Einführung dar. Schon in manchen Ländern Mitteleuropas können ganz spezielle Probleme auftauchen, über die Sie sich in Reiseführern über Ihr Reiseziel oder durch weiterführende Literatur informieren sollten. Je weiter Sie wegfahren oder je ausgefallener das Ziel der Reise ist, umso wichtiger werden solche zusätzlichen Informationen.

Outdoor-Ausrüstung

Spülen am See

Frauen müssen nicht unbedingt mehr Ausrüstung mitnehmen. Ganz im Gegenteil viele Frauen sind wahre Pack-Genies. Normalerweise allerdings erst nach längerer Übung.

Problematisch dabei ist, dass es Frauen oft schwerer haben, die für sie passende Ausrüstung zu finden. Schlafsäcke und Matten richten sich in ihrer Konstruktion nach "normalen Männern", aber auch die meisten Rucksäcke und vieles mehr. Ganz abgesehen davon, dass Männer meistens einfach auch mehr Geld in hoch entwickelte Leichtgewichtprodukte investieren.

Auf der anderen Seite ist es nicht unbedingt notwendig, schon für eine Einsteiger-Tour Tausende von Euro hinzulegen. Außerdem bekommen Sie einzelne Ausrüstungsgegenstände in Ihrem Reiseland mitunter günstiger. Hier also ein paar Tipps, passendere Ausrüstung günstiger zu bekommen.

Hat jemand übrigens Bedenken bezüglich der Umweltbelastung durch die Ausrüstung, die ja auch irgendwann wieder entsorgt werden muss? Ganz allgemein sind wir als Outdoorer sowieso eine Belastung für die Umwelt. Gerade in Wildnisgebieten hinterlassen wir regelmäßig eine unübersehbare Spur. Spätestens in einem Basislager irgendwo im Karakorum fällt das so richtig ins Auge. Diesem Paradoxon kann entgegengewirkt werden: Minimal Impact - also möglichst wenig Eingriff und Hinterlassenschaft - und eben langlebige Ausrüstung heißen die Schlüsselbegriffe.

📖 **Minimal Impact** - *Outdoor-naturverträglich, Martin Zwosta*, Conrad Stein Verlag Basiswissen für draußen Band 68, ISBN 978-3-89392-168-3, € 6,90

Rucksäcke

In tausend Farben und Größen werden sie angeboten. Von € 19,95 angefangen, werden bis zu vierstellige Summen dafür hingeblättert.

Die kleinste Art, die **Tages-Rucksäcke** bis etwa 20 l Packvolumen, sind nur als bessere Handtasche geeignet. Mit mehr als 5 kg sollte man sie aber keinesfalls beladen!

Für Wander- und Touren-Rucksäcke mit 20 bis 30 l Volumen ist ihr Name bezeichnend. Mit ihnen kann es schon mal auf eine Tagesbergtour gehen. Wichtig ist vor allem die Rückenverstärkung und Polsterung, die ein Tragesystem eigentlich ausmachen. Dazu kommen ein Bauch- oder ein Hüftgurt.

Ernstzunehmen ist dieses Ausstattungsdetail, wenn das Gurtband 5 cm breit oder noch besser gepolstert ist. Benutzt man diesen Gurt wie einen zweiten Gürtel, wird etwas Last von den Schultern auf die Hüften übertragen.

Die nächste Größe (mit 30 bis 45 l Packvolumen) wird als **Touren- oder Kletter-Rucksack** bezeichnet. Hier ist vor allem das Tragesystem ausgereifter, aber auch die zwar ganz praktischen, in schwierigem Gelände jedoch hinderlichen Außentaschen werden seltener. Oft bietet sich an, diese extra zu kaufen und bei Bedarf anzubringen. Sie können gegebenenfalls auch gut als Gürteltaschen verwendet werden. Die Touren- oder Kletter-Rucksäcke sind meist sehr speziell auf einen Anwendungsbereich zugeschnitten, wie beispielsweise der Rad-Rucksack oder der Kletter-Rucksack mit Eisgeräte-, Steigeisen- und Ski-Befestigungsmöglichkeiten.

Hier gibt es sogenannte rückenfreie Tragesysteme, die die Belüftung des Rückens zulassen. Das kann bei großer Hitze sehr komfortabel sein, bei Wind besteht jedoch die Gefahr der Unterkühlung durch den Luftzug am verschwitzten Rücken. Der Vorreiter dieser Art von Rucksäcken ist unbestritten "Deuter", aber ähnliche Systeme werden auch von vielen anderen Herstellern angeboten.

Für längere Unternehmungen, mit Schlafsack und vielleicht sogar Zelt, kommen die **Trekking- oder Hochtouren-Rucksäcke** mit 45 bis 70 l zur Anwendung. Was an Volumen darüber liegt, ist wohl eher schon ein Expeditions-Rucksack. Zu bedenken gilt es bei den Riesen-Ungetümen nämlich, dass meist nicht das Packvolumen das Limit setzt, sondern das Gewicht.

Der voll bepackte Rucksack sollte nicht mehr als ein Viertel vom Körpergewicht des Trägers ausmachen. Wer sich längere Zeit über ein Drittel seines Eigengewichts aufbuckelt, muss mit bleibenden Körperschäden rechnen! Und dann ist auch nicht das Tragesystem schuld, wenn einem am zweiten Tag plötzlich viele weniger schöne Namen für den Rucksack einfallen!

Zu dieser Größenordnung gehören auch die **Koffer-Rucksäcke**, bei denen das Tragesystem hinter einer Reißverschlussklappe verstaut werden kann. Für ernsthaftes Trekking sind sie ungeeignet. Da steckt man besser einen guten Hochtouren-Rucksack für die Flug- oder Busreise zum Schutz in einen billigen Seesack.

Bei all den Ausführungen über Packvolumen schadet es natürlich nicht, den Rucksack für die spezielle Unternehmung leicht überdimensioniert zu kaufen. Meist fällt einem nämlich daheim ein wunderbar ausgeklügeltes System ein, den ganzen Plunder in den Sack zu bekommen. Wühlt man dann aber bei der ersten Rast alles heraus, um an die Sonnencreme zu kommen, die wie alle Utensilien, die man gerade braucht, natürlich ganz unten liegt, ist man danach ewig beschäftigt, die vielen Teile, die auf einmal um nichts in der Welt mehr in den Rucksack passen, außen festzuzurren.

Damit sind wir bei der **Packtechnik**. Grundsätzlich gehört alles **in den Rucksack** und eigentlich gar nichts sollte außen befestigt werden. Dies gilt auch für die Isoliermatte, die z.B. aufrecht ins Hauptfach gepackt werden kann. Steigeisen oder Ähnliches bilden davon sinnvollerweise eine Ausnahme.

Ebenso muss darauf geachtet werden, dass häufig benötigte Gegenstände leicht zugänglich sind. Und nicht zuletzt gilt: Je schwerer ein Ausrüstungsgegenstand ist, desto höher und körpernäher sollte er in den Rucksack gepackt werden.

So kommt der Rucksackschwerpunkt näher an den des Körpers. Dadurch wird das Schleppen erleichtert!

Apropos Schleppen: Beim Auswählen des richtigen Rucksacks muss dieser beladen und dann anprobiert werden. Zuerst wird der Hüftgurt geschlossen und fest angezogen. Er sollte mit seiner Oberkante etwa einen Daumen breit über dem Oberrand des Beckenknochens sitzen. Danach werden die Schultergurte so in Position gebracht, dass sie hinten am Ansatz nicht auf den Nacken drücken, aber auch nicht über die Schulterkuppen rutschen. Dabei dürfen die Gurte nicht in den Brustansatz schneiden. Bei überdurchschnittlicher Oberweite gestaltet sich die Auswahl dementsprechend etwas schwieriger. Der Brustgurt muss so versetzbar sein, dass er geschlossen werden kann, ohne auf den Busen oder den Hals zu drücken. Zuletzt wird der Lageverstellriemen angezogen. Dieser muss vom Scheitelpunkt der Schulterträger etwa im 45-Grad-Winkel zum Oberrand des Packsackes verlaufen. Er reguliert den Abstand zwischen Sack und Körper.

Das Anpassen des Rucksackes und vor allem auch die Form des Hüftgurtes verursachen deswegen oft Probleme, weil die Rucksäcke meist für den Körperbau von Männern konzipiert sind.

Die meisten Firmen stellen inzwischen auch Frauen-Rucksäcke her. Bei solchen ist beispielsweise der Hüftgurt stärker geneigt, was dem breiteren Becken von Frauen entsprechen soll. Außerdem verläuft die Polsterung der Schultergurte stärker geschwungen und stärker verjüngt, damit kein unangenehmer Druck auf die Brustansätze entsteht. Ob diese Anpassungen auch Ihrer Figur entsprechen, können Sie nur life austesten.

☺ Sie sollten unbedingt die entsprechenden Modelle durchprobieren. Das geht am besten bei Outdoor-Freunden oder in Fachgeschäften. Oft scheidet ein Rucksack schon aus, wenn er nicht entsprechend angepasst werden kann, z.B. wenn die Rückenlänge des Tragesystems nicht auf Ihr Kreuz passt. Eine Erleichterung hierbei bieten natürlich verstellbare Tragesysteme. Diese haben jedoch den Nachteil, dass sie etwas schwerer sind.

Die sogenannten "**Kraxen-Rucksäcke**" mit einem kompletten Tragegestell sind nur sinnvoll, wenn extrem schwere Lasten getragen werden müssen. Sie schränken den Bewegungsablauf beim Gehen zu sehr ein.

Für die **Rucksack-Materialien** gilt: Den größten Unterschied macht das Eigengewicht des Rucksacks. Inwieweit der Stoff Wasser abhält, ist eine zweitrangige Frage: Die Nähte müssen sowieso mit Nahtdichter abgedichtet werden, wenn es in feuchte Gegenden geht, und dann wird auch unbedingt eine Rucksack-Regenhülle benötigt, die wegen Windanfälligkeit so knapp wie möglich bemessen sein sollte. Die "wasserdichten" Rucksäcke sind für Extrem-Biker oder extrem nasse Gegenden interessant, aber immer eine Belastung für Ihr Kreuz.

Als Faustregel gilt:

▷ Trekking-Rucksäcke mit einfachem Tragesystem nicht unter € 95 und solche mit verstellbarem Tragesystem nicht unter € 120 kaufen. Sonst zahlt man am Schluss mit Rückenschmerzen drauf oder hat Schund, der das Gepäck nicht halten kann.

▷ Ausgeklügelte Systeme zum Komprimieren des Rucksacks, Außentaschen oder gar die raffinierten Blasebalgtaschen, vielseitige Öffnungsmöglichkeiten und vor allem materialaufwändige Weiterentwicklungen des herkömmlichen Tragegestells kosten zusätzlich.

▷ Kostenintensive Rucksäcke halten dann aber auch gut und gern zehn Jahre - also bitte nicht knausern! Billigprodukte sind definitiv unbrauchbar und auch schädlich.

🕮 **Trekking ultraleicht** von *Stefan Dapprich*, Conrad Stein Verlag Basiswissen für draußen Band 184, ISBN 978-3-86686-184-8, € 9,90

Schlafsäcke und Unterlagen

Auch bei Outdoor-Aktivitäten verbringen wir meist ein Drittel unserer Zeit im "Bett". Genauso wichtig wie diese Regenerationsphasen ist auch die Ausrüstung dafür. Unpassende Schlafsäcke oder Unterlagen lassen die Tour schnell zum Horror-Trip werden.

In erster Linie muss der Schlafsack wie eben alles andere auch passen. So banal das klingt: Für eine nicht gerade sehr große Frau ist es nicht leicht, fündig zu werden. Wie überall richten sich die Maße der Schlafsäcke nach dem "normalen" Mann von 180 cm Größe und 80 kg Körpergewicht.

Tatsächlich kommt man auf die idealen Außenmaße, wenn man zu seiner Körpergröße etwa 20 cm dazurechnet. Bei besonders warmen Schlafsäcken dürfen es durchaus 25 cm sein. Frauen um die 165 cm Größe sollten also unbedingt nach speziellen Frauen-Schlafsäcken Ausschau halten. Die sind um einiges kürzer und schmaler geschnitten als Standardmodelle.

☺ Niemand sollte einen Schlafsack kaufen, ohne ihn anprobiert zu haben. Durch den passenden Schlafsack reduziert sich nämlich nicht nur das Gewicht, sondern nur in diesem Fall kommen die Wärme-Angaben auch der Wahrheit nahe.

Diese Angaben geben meist den Ausschlag für den Kauf. Dabei gilt aber, dass Extrem-Gradangaben aussagen, bei wie viel Grad es ein "normaler" Mann sechs Stunden ohne bleibende körperliche Schäden in diesem Schlafsack aushalten kann. Und die Komfort-Gradangaben versprechen komfortables Schlafen auch nur bei geschlossener Kapuze, das Ganze ohne Regen oder Wind!

Bei Nässe fallen Daunenschlafsäcke in sich zusammen und bieten oft nur noch etwa 20 % ihrer normalen Wärmeleistung. Sie müssen deshalb nach jeder Benutzung gut gelüftet werden, schließlich geben wir einige hundert Milliliter Schweiß pro Nacht an unsere unmittelbare Umgebung ab. Das Zusammenfallen wird durch einen Schnitt mit sehr kleinen Kammern oder durch eine Mischung mit relativ hohem Anteil an Federchen gemindert, worunter aber das Wärme-Gewichts-Verhältnis leidet.

Für unsere Breiten oder als Universal-Ausrüstungsgegenstand eignet sich daher eher ein mit Kunstfasern gefüllter Schlafsack. Dieser behält auch feucht fast 80 % seiner Wärmeleistung und ist meist auch nicht viel schwerer. Keinesfalls sollte man aber glauben, dass eine bestimmte Füllung das Nonplusultra wäre. Namhafte Markenhersteller können sich nämlich selten Flops leisten und achten deshalb auf entsprechende Qualität. Dementsprechend richtet man sich als Nicht-Fachfrau dann tatsächlich besser nach dem Wärme-Gewichts-Verhältnis!

Überlegen Sie sich also zuerst: In wie kalten Nächten werde ich im Schlafsack nächtigen? Dann 5 bis 6°C als Sicherheit dazugezählt (will heißen abgezogen). Und schon braucht man sich nur noch den leichtesten Markenschlafsack mit entsprechenden Komfort-Gradangaben kaufen, den man sich leisten kann, sofern er von der Länge her passt.

Schlafsäcke bis zu 0°C Komfort kosten ungefähr ab € 80, solche bis etwa -6°C etwa ab € 120. Günstig sind z.B. Hausmarken wie "Four Seasons". Das Mittelfeld ist groß, mit Namen wie "Deuter" oder "Ajungilak". Die Spitze wird u.a. von "Fjällräven" eingenommen.

Passable Daunen-Schlafsäcke kosten mindestens € 180 und werden von den bereits genannten Herstellern angeboten. Im Spitzenbereich kommt hier beispielsweise noch "Western Mountaineering" dazu. Diese Aufzählung ist keinesfalls komplett und bezieht sich auf Marken, die auch Frauen-Schlafsäcke anbieten. Bei Outdoor-Ausrüstern, in deren Sortiment sich solche Namen finden, ist man gut bedient.

☺ Wie bei allen anderen Outdoor-Ausrüstungsgegenständen kann nur **gute Qualität** ausreichend sein!

Einige weitere Nebensächlichkeiten sind erwähnenswert:

▷ Ein Wärmekragen ist sehr sinnvoll, wenn man die Kapuze auch in kalten Nächten nicht schließen möchte. Dann sollte man sich allerdings dafür noch eine Mütze aufsetzen, denn wir geben sehr viel Wärme über unseren Kopf ab!

▷ Kleine Reißverschlusstäschchen können alten Schlampern lästiges Suchen ersparen.

▷ Ein auch um das Fußteil laufender Reißverschluss ermöglicht in heißen Nächten die Verwendung des Schlafsacks als bloße Decke.

▷ Koppelbare Schlafsäcke können für wirklich heiße Nächte sorgen. Allerdings friert man in zusammengezippten Schlafsäcken wesentlich schneller.

▷ Für wahrhafte Weltenbummler sind Vollfasern als Füllung in Erwägung zu ziehen. Je länger ein Schlafsack zusammengestopft aufbewahrt wird, desto schneller verliert er an Wärmeleistung, besonders eben bei Hohlfasern oder Daunen.

▷ Baumwollstoff auf der Innenseite wird oft als angenehmer empfunden als die leichtgewichtigen Kunstfaserstoffe. Das Argument dagegen ist das Gewicht und das bei Baumwolle nötige Lüften des Schlafsacks. Genauso gut oder sogar besser, abgesehen vom Preis, fährt man mit einem herausnehmbaren Inlett. Das kann man dann öfter waschen und auch leichter lüften, was den Komfort nochmals erhöht.

▷ Besonders Wasser abweisende Außenstoffe wie z.B. "Dryloft" von "Gore", "Drilite" oder gar "Gore-Tex" selbst sind extrem teuer, wiegen entsprechend und sind nur für extremste Bedingungen empfehlenswert.

▷ Extrabreit geschnittene Schlafsäcke sind nur für korpulente Personen sinnvoll. Frauen, die sich im Schlaf nur zusammenkugeln wollen, sollten das in einem auf Körperkontur geschnittenen Schlafsack üben, das ist auch sehr angenehm - ich spreche aus Erfahrung. Die raffinierten Oval-Schlafsäcke bieten ein wesentlich schlechteres Wärme-Gewichts-Verhältnis!

▷ Wenig Sinn für ernstzunehmende Aktivitäten machen Deckenschlafsäcke.

▷ Alle Markenschlafsäcke kann man nach zwei bis drei Wochen Benutzung getrost waschen mit Spezial- oder Feinwaschmittel bei 30°C. Trocknen sollten sie dann liegend, nicht hängend!

☺ Noch besser stopft man sie in einen großen Industrietrockner, z.B. in einem Waschsalon, steckt zum Aufschütteln einen Tennisball o.Ä. dazu und trocknet sie bei niedrigster Temperatur. Danach legt man sie am besten in einem Kissenbezug oder etwas Vergleichbarem unters Bett oder auf den Schrank.

Zu **Isomatten** gibt es nicht so viel zu sagen. Geschäumte, einfache Isomatten sind leicht und billig. Die aufblasbaren Modelle sind wesentlich umständlicher in der Handhabung. Beispielsweise blasen sie sich keineswegs von selbst auf! Sie sind aber unbestritten um Welten komfortabler.

Beim Kauf einer solchen Isomatte sollte man sich garantieren lassen, dass der Schaum innen flächig mit dem Außenbezug verklebt ist. Ohne diese Verbindung, das kommt bei billigen Isomatten durchaus vor, ist die Wärmeisolierung extrem beeinträchtigt!

Wie bei Schlafsäcken können kleinere Frauen mit einer kürzeren Isomatte enorm Gewicht sparen.

Luftmatratzen als Unterlage kommen nur in warmen Gegenden in Frage - sonst "Gute Nacht"!

☺ Wer nachts immer von der Isomatte rutscht, sollte einmal versuchen, eine sogenannte Hüftkuhle zu graben, eine etwa fausttiefe Mulde unterm Hüftbereich. Eine solche macht jede Nacht wesentlich angenehmer.

Und da wir gerade beim Übernachten sind: Mehr Bekleidung im Schlafsack sorgt keineswegs für mehr Wärme. Ganz abgesehen von der Hygiene ist besonders in Schlafsäcken eine frische Garnitur Unterwäsche oder ein Schlafanzug immer die beste Lösung. Lediglich ein Paar Socken und eine Mütze können zusätzliche Wärme bringen.

In feucht-heißen Regionen bieten sich **Hängematten** an, die mit einer eingelegten Isomatte etwas komfortabler ausgerüstet werden können, und natürlich **Moskitonetze**. Diese dürfen nicht die kleinste Undichtigkeit aufweisen oder am Körper anliegen. Sonst kann man sie gleich weglassen. Moskitonetze sind auch für den Sommer in nordischen Feucht-Regionen unerlässlich. Die Schnur zum Aufhängen nicht vergessen!

Bekleidung und Schuhe

In unserer Bekleidung stecken wir so gut wie immer. Wir brauchen sie auch, um uns wohl zu fühlen und zu überleben. Da gibt es dann tausend Angebote von verschiedenen Herstellern, die uns alles versprechen. Tatsache ist aber, dass wir selbst durch An- und Ausziehen bestimmter Kleidungsstücke unser Körperklima am besten regulieren können. So empfiehlt es sich, bei einer Sommer-Bergtour in der langen Hose loszulaufen, diese aber bei der ersten Rast auszuziehen.

Genauso lässt sich das Wohlgefühl steigern, wenn man während einer Rast, bei der der schwere Rucksack endlich vom Buckel kommt, ein frisches T-Shirt anziehen kann. Der Ärger über das ständige An- und Ausziehen unterwegs ist wesentlich geringer als das Risiko, durch Faulheit seine Leistungsfähigkeit zu verlieren.

Damit sind wir auch schon beim Zauberwort: das **Schichtensystem**. Je mehr einzelne Schichten man trägt, desto besser kann man sein Körperklima den äußeren Gegebenheiten anpassen. Und die Montur sollte immer vollständig sein, das heißt von Kopf bis Fuß und von der Haut bis zur äußersten Schicht. Eine Kette ist bekanntlich nur so stark wie ihr schwächstes Glied. So auch hier: Fehlt im Gebirge die warme Mütze, kann das lebensgefährlich werden. Hat man in der Wüste keinen Hut, ist das Ergebnis ähnlich.

Grundsätzlich geht man dabei von **drei Bekleidungsschichten** aus, wobei je nach Bedarf die eine oder andere natürlich auch mal fehlen darf: die Schicht auf der Haut, die Mittel- oder Wärmeschicht und die Außen- oder Wetterschutzschicht.

Die Schicht direkt auf der Haut

Sie soll weniger wärmen, als vielmehr Schweiß von der Haut abtransportieren. Das ist zum einen wichtig, weil nasse Kleidung auf der Haut den Körper unwahrscheinlich schnell auskühlen lässt. Zum anderen, weil man sich trocken wohler fühlt. Das hat bei starker körperlicher Belastung auch enorme Auswirkungen auf die Leistungsfähigkeit. Dieser Zielsetzung folgend, sollte Unterwäsche an der Haut anliegen.

Unter den natürlichen Stoffen kann Seide diesen Zweck gut erfüllen. Allerdings ist Seide etwas anfällig.

Unterwäsche aus Kunstfasern gibt es inzwischen wie Sand am Meer. Auch hier sollte man sich nicht von den vielen verschiedenen Namen für die "Plastikhaut" verunsichern lassen. Nach anfänglichen Schwierigkeiten haben alle Markenanbieter inzwischen gute Lösungen gefunden. So fährt man also am besten, einfach das Passende auszusuchen unbeeindruckt vom Redeschwall des Verkäufers oder weit schweifenden Informationen des Herstellers.

Allerdings kann es bei Kunstfasern zu Unverträglichkeiten kommen, die sich meist in unangenehmem Geruch bemerkbar machen. Also nicht gleich komplett einkleiden, sondern erst ein Teil mehrere Tage Probe tragen. Notfalls muss man sich danach für einen anderen Hersteller entscheiden. Ein entsprechendes Unterhemd kostet immerhin schon zwischen € 20 und € 50. Vor allem "Coolmax"-Fasern sind teuer. Ich persönlich schwöre aber total darauf!

Die Mittelschicht

Sie dient im Normalfall der Wärmeisolation. Dabei ist es nie der Stoff an sich, der wärmt, sondern die von ihm umschlossene Luftschicht, die vom Körper aufgeheizt wird.

Wichtig ist, dass die Wärmeleistung reguliert werden kann, wie z.B. mit Unterarm-Reißverschlüssen, zu öffnenden Kragen oder Zwei-Wege-Reißverschlüssen. Hier wird meist **Fleece** empfohlen. Das Fleeceteil sollte aber nicht zu dick sein. Zwei dünne Fleece-Schichten sind viel wärmer, viel variabler und auch nicht schwerer oder einengender. Der Clou bei Fleece ist der geringe Durchmesser des Fadens, aus dem der Stoff gemacht ist. Und normalerweise gilt: Je preiswerter das Fleeceteil, desto dicker der Faden und desto minder die Nutzbarkeit des Bekleidungsstückes. Ein zuverlässiges Teil ist unter € 70 kaum zu haben.

Soll das Fleeceteil auch mal ohne etwas darüber getragen werden, sollte auf jeden Fall eine windundurchlässige Membran eingearbeitet sein; Fleece allein bietet nämlich nicht den geringsten Schutz gegen Wind.

Die natürliche Alternative zu Fleece ist **Wolle**. Diese nimmt aber wesentlich mehr Wasser auf und bei vergleichbarer Wärmeleistung ist sie erheblich schwerer. Angorawäsche kommt dabei den Kunst-Produkten am nächsten. Und dann gibt es da noch die gute alte Daune (☞ Schlafsäcke).

Die Wärmeschicht sollte bequem sitzen und locker fallen, wie natürlich auch die nächste. Als Frau ist es problematisch, diesem Punkt gerecht zu werden, denn sehr oft sind die Ärmel zu lang und der Brustbereich zu eng. Das trifft vor allem auf Produkte aus skandinavischen Ländern zu. Zum Glück bieten praktisch alle Markenhersteller frauenspezifische Schnitte an.

Sondergrößen gibt es allerdings nach wie vor kaum. Da hat schon manche Frau nur den Stoff gekauft und das Kleidungsstück selbst genäht. Bei Fleece geht das völlig unproblematisch. Bei Windstoppern oder technischer Regenbekleidung ist selbst Genähtes hingegen wenig empfehlenswert - die Nähte bekommt man kaum dicht.

Findet man nicht gleich passende Teile, kann man die gleiche Größe von einem Hersteller anderer Nationalität probieren oder evtl. sogar auf Männer- oder Kinderschnitte zurückgreifen.

Die zweite Schicht fällt in heißem Klima sinnvollerweise aus.

Die Außenschicht

Diese dient in erster Linie dem Wetterschutz. Wind und Nässe müssen draußen bleiben, der Schweiß sollte aber ungehindert nach außen entweichen können. Je nach Klima fällt also die Entscheidung, ob man mehr Wert auf Schutz gegen Nässe von außen oder auf Schutz vor körpereigener Nässe von innen legt.

Darüber hinaus sollten die Teile auch noch gehörig was aushalten. Die Natur bietet hier gewachste oder gefettete Baumwolle an, beides ist leider relativ schwer, allerdings auch das einzig Wahre, wenn man viel Zeit am offenen Feuer verbringt.

An Kunstfasern stehen zwei grundverschiedene Ausführungen zur Auswahl: Unerreicht an Ausgewogenheit zwischen Wasserdampfdurchlässigkeit und Wasserdichtigkeit ist **Gore-Tex**, dicht gefolgt von **Sympatex**-Laminaten und hauseigenen Beschichtungen von Markenhäusern wie z.B. "Helly Hansen". Dabei handelt es sich um Membranen oder Beschichtungen, deren Poren vereinfacht gesagt zu eng für Wassertropfen, aber groß genug für Schweißtropfen sind. Dafür legt man dann mindestens € 200 hin.

Wetterschutzbekleidung mit dieser Ausrüstung ist bestens für extreme Bedingungen geeignet. Völlig übertrieben ist allerdings die Erwartung, man würde in dieser Kleidung nicht mehr nass werden oder gar nicht mehr schwitzen. Es handelt sich hier nur um das ausgewogenste System, in keiner Weise aber um das Ei des Kolumbus. Abgesehen davon ist die Funktion nur bei einem mehrere Grad großen Temperaturgefälle von innen nach außen gewährleistet und wird durch Druck, Bewegung und hohen Wasserdruck beeinträchtigt - alles Dinge, die bei Outdoor-Aktivitäten alltäglich sind!

Eine gute Alternative dazu bilden heute **Mikrofaser**-Jacken, die auch bald € 200 und mehr kosten, nicht wasserdicht, aber stark Wasser abweisend sind und den Schweiß besser verdampfen lassen. Auf Hüttentour oder bei nur kurzzeitigem Regen sind sie fast die bessere Wahl.

Bei Kleidungsstücken wie Hosen wird noch **Tactel** (feines Nylon mit den Vorzügen von Baumwolle), Polyester und Baumwolle gemischt (Wasser abweisender, winddichter, robuster, pflegeleichter und wasserdampfdurchlässiger) oder **Pertex** (feinstes Polyester-Mikrofaser-Gewebe: zusätzlich zu allen Polyester-Vorteilen auch noch extrem leicht und angenehm) verwendet.

Sogar die gute alte Jeans wird wieder aufgewärmt. Der Stoff wird mit High-Tech (z.B. 3XDry) ausgerüstet und bleibt so länger trocken, bzw. trocknet auch schneller wieder.

Für Trekking nicht zu verachten ist der bewährte **Poncho**. Er ist zwar im Handling unpraktisch und windanfällig, dafür schützt er besser, auch den Rucksack, ist universeller und auch billiger. Chacun à son goût!

In extrem warm-trockenen Gegenden ist **Baumwolle** meist die beste Lösung, sofern man sie oft wechseln kann. Die Saugfähigkeit des Stoffes gewährleistet eine Art Verdampfungsverzögerung. Das dient der Kühlung des Körpers. Ansonsten gilt auch für heißes Klima, dass man seinen ganzen Körper bedecken sollte, und zwar nicht nur aus körperklimatischen Gründen. Ein Sari ist für gewisse Gegenden so ziemlich die perfekte Bekleidung.

Bei **Schuhen** gibt es eigentlich nur eine Regel: Sie müssen passen! Lederschuhe sollten deshalb auch eingelaufen werden. Darüber hinaus ist es sehr empfehlenswert für alle Bereiche mindestens bis unter die Knöchel hinaufreichende Schuhe zu verwenden, sei es noch so heiß! Outdoor bedeutet so gut wie immer unebene Böden und damit Verstauchungsgefahr, oft aber auch, dass man mit Schlangen oder anderen Tieren rechnen muss.

Um Blasen zu vermeiden, ist es ratsam, ein dünnes enges Paar Strümpfe unter den Wandersocken anzuziehen. Ganz grundsätzlich gilt, dass Wanderschuhe eingelaufen werden müssen, bevor man auf Tour geht!

Auch die Bekleidung will gepflegt sein: Kunstfaserprodukte haben ihre Berechtigung gegenüber Naturfaserprodukten eigentlich nur in der längeren Lebensdauer! Allein schon deswegen sollten sie bestens gepflegt werden, wie allerdings die Naturprodukte auch. Dadurch bewahren sie ihre Funktionalität. Fast alles kann inzwischen gewaschen werden. Beim Trocknen sollte es allerdings liegen. Und hinterher sollten alle Wasser abweisenden oder dichten Kleidungsstücke gut imprägniert werden, auch Gore-Tex!

Beim **Einpacken der Ausrüstung** muss man mit extremsten Wettersituationen rechnen und sich darauf einstellen (Mütze, Handschuhe, Sonnenbrille usw.). Andererseits darf das Gewicht nicht explodieren. Zwei komplette Garnituren sollten reichen - bei den heutigen schnell trocknenden Materialien muss eben öfter ein Waschtag eingelegt werden.

Zelte

Zelte gibt es hauptsächlich in drei verschiedenen Konstruktionsarten: **Firstzelte** werden kaum mehr verkauft, da in diesen bei relativ großer Aufstellfläche wenig Platz ist. Dazu sind ziemlich viele Heringe zu verankern, was nicht immer leicht, zumindest aber zeitaufwändig ist. Andererseits läuft das Wasser sehr gut ab und die Belüftung funktioniert bestens.

Dann sind da die **Tunnelzelte**, die vom Aufstellen her ähnliche Probleme machen (komplizierte Sturmabspannungen), aber sagenhaft viel Raum im Verhältnis zum Gewicht und der Aufstellfläche bieten.

Schließlich gibt es die **Kuppelzelte**. Diese stehen oft sogar ohne einen einzigen Hering, bei Sturm sind aber auch bei ihnen Abspannungen notwendig. Sie sind sehr leicht aufzustellen und bieten viel Platz im Verhältnis zu ihrer Aufstellfläche. Eine Sonderform dieser Art sind die geodätischen Zelte, bei denen sich die Gestängebögen nicht nur in einem Punkt kreuzen. Mit vielen solcher Kreuzungspunkte werden möglichst kleine Kraftdreiecke konstruiert, was eine hervorragende Stabilität ergibt. Mehr Gestängebögen sorgen hier aber für entsprechendes Gewicht.

Bei all diesen Formen sollte zumindest auf ausreichend Platz auch für den Rucksack, oder besser noch auf eine Apsis (kann auch zum Kochen Schutz bieten) geachtet werden.

Darüber hinaus ist zu bedenken, dass Zelte, die in Gegenden zum Einsatz kommen, in denen man durch das Wetter lange Zeit ins Zelt verbannt ist, allen Insassen genug Raum bieten, um sich wenigstens aufsetzen zu können. Zelte für sehr stürmische Gegenden (z.B. Berge) sollten zwei Ausgänge besitzen. Ist das Außenzelt sehr weit heruntergezogen, was bei Kälte und Sturm wichtig ist, müssen entsprechende Belüftungsfenster (sogenannte Tüten) vorhanden sein.

☺ Das Zelt muss immer so abgespannt sein, dass sich Außenzelt und Innenzelt nicht berühren können. Deswegen sollten Abspannleinen so lang sein, dass man sie auch mal um einen Fels wickeln kann, falls der Boden keinen Hering schluckt.

Ein nicht unbedeutender Unterschied besteht auch in der Aufhängung der Zelthäute am Gestänge: Bei Kombinationen stellt man das Außenzelt auf, um das daran befestigte Innenzelt braucht man sich gar nicht mehr zu kümmern. Diese Art der Aufhängung ist für regenreiche Gebiete nicht ungeschickt, da das Innenzelt immer trocken bleibt. Dabei sind die Gestängekanäle aber meist enger, was den Zeltaufbau erschwert. Bei der anderen Form wird das Innenzelt zuerst aufgebaut, danach das Außenzelt darüber befestigt. Das hat den Vorteil, dass man bei schönem Wetter das Außenzelt weglassen kann.

Bei beiden Varianten müssen die beiden Zelthäute weit genug voneinander entfernt sein und die eventuell dazwischen liegende Gestängekanäle unterbrochen oder besser aus Netzgewebe sein, um die Belüftung des Zwischenraums nicht zu behindern.

Der **Stoff des Außenzeltes** ist entweder beschichtetes Polyester oder beschichtetes Nylon. Nylon ist leichter, elastischer, reiß- und scheuerfester als Polyester. Bei Ripstop-Nylon wird in kurzen Abständen ein stärkerer Faden eingewebt, wodurch sich das Gewicht-zu-Festigkeit-Verhältnis nochmals verbessert. Dafür dehnt sich Nylon bei Regen aus und spannt bei Sonnenschein. Und es zersetzt sich langsam unter UV-Einstrahlung. All diese Nachteile werden durch die Beschichtung etwas verringert.

Beschichtungen mit PU (Polyurethan) sind sehr dicht und scheuerbeständig und werden deswegen als Boden-, aber auch als Außenzelt-Beschichtung verwendet. Dabei werden alle Nähte bandversiegelt, was sie für lange Zeit hervorragend abdichtet. Diese Beschichtung verringert die Reißfestigkeit, was bei Nylon kein zu gewichtiger Nachteil ist: Sie knattert zwar bei starkem Wind, hält aber jede Kälte aus.

Die Alternative Silikonisierung des Gewebes sorgt für gute UV-Beständigkeit, wirkt den Spannungsunterschieden von Nylon entgegen und erhöht die Reißfestigkeit noch zusätzlich. Nähte müssen hier aber von Anfang an jeweils nach ein paar Wochen Gebrauch versiegelt werden. Eine Tube Nahtdichter liegt beim Kauf meistens schon bei.

Die andere Art von Gewebe, die als Außenzelt zum Einsatz kommt, ist Polyester. Es ist etwas schwerer und besitzt nach neueren Erkenntnissen etwas weniger Festigkeit als Nylon, ist aber von Grund auf sehr wasserdicht und UV-beständig.

Mit Silikon ausgerüstet, gewinnt das Gewebe an Festigkeit und ist in dieser Kombination absolut unempfindlich gegen Sonne und sauren Regen. Wegen der etwas geringeren Belastbarkeit durch Wind oder Schnee wird Polyester bei Extrem-Zelten eher nicht PU-beschichtet. Für Trekking-Zelte ergibt sich damit aber eine überdurchschnittliche Wasserdichtigkeit.

Diesbezüglich bietet die Wassersäule, die für Boden und Außenzelt manchmal angegeben ist, eine einigermaßen objektive Vergleichsmöglichkeit. Die Wassersäule gibt den Wasserdruck an, dem ein Gewebe standhält. Passable Werte liegen über 2.000 mm, gute Zelte weisen aber Wassersäulen von 4.000 mm und mehr auf.

Das **Innenzelt** ist meist aus leichtem Nylon-Taft oder aus Ripstop-Nylon, manchmal auch einfach aus Moskitonetz. Am Eingang sollte das Netz sinnvollerweise außen liegen! So kann man diesen zur besseren Belüftung öffnen, ohne ungeliebte Gäste zu bekommen.

Der **Zeltboden** ist aus schweren Nylon-Webarten (Oxford-Nylon, Nylon-Taft) mit mehrfacher PU-Beschichtung. Auch hier ist die Dichtigkeit anhand der Wassersäule vergleichbar.

Das **Gestänge** ist aus Aluminium. Die in der Regel 9,5 mm, manchmal 11 mm starken Segmente sind hohl und per Elastikband verbunden. Ist das Alu nicht eloxiert, entsteht Abrieb, wovon man dann schwarze Finger bekommt, und bei Kälte kleben die Handschuhe leichter daran fest.

Zelte sind übrigens die einzigen Artikel, die grundsätzlich eher für Frauen gemacht sind. Ein normales Zweimann-Zelt kann für zwei 185 cm große Menschen schon viel zu knapp sein. Man sollte sich sein neu zu kaufendes Zelt ruhig im Laden zuerst aufbauen lassen, bevor man dem Verkäufer die € 190 aufwärts in die Hand drückt.

Bei Zelten kann man auch am ehesten sparen, wenn man genau weiß, wofür man es verwenden will. Ein Drei-Jahreszeiten-Zelt für südliche Regionen kann man nach einiger Suche trotz Markennamen schon unter dem genannten Preis erstehen.

Als zusätzliche Ausrüstung wäre dann noch eine **Zeltunterlage** überlegenswert, die aber oft leicht durch die Isomatten ersetzt werden kann, die man einfach unter den Zeltboden schiebt.

☺ Zu guter Letzt rate ich jedem ab, in wildreichen Gegenden nahe des Zeltes zu kochen, darin zu essen oder auch nur Proviant darin aufzubewahren. Ich weiß, wie es ist, von einem Bären geweckt zu werden!

Nützlicher Kleinkram

Eine **Kamera** habe ich trotz Handtuch-Umwicklung an einem wunderschönen südfranzösischen Sandstrand verschrottet und mir danach geschworen, dass mir so etwas nie wieder passiert.

Besonders die Firma "Ortlieb" hat sich um wasser- und staubdichte Verpackungen verdient gemacht. So negativ es manchmal sein mag, dass erst das entsprechende Angebot bestimmte Bedürfnisse weckt, schadet es hier sicher nicht, das "Ortlieb"-Sortiment einmal genauer zu studieren. Schließlich sind auch Ausweise, Geld, Schecks etc. nicht gerade für Unterwasser-Aktivitäten gemacht.

📖 **Fotografieren** von *Ali Khandriche*, Conrad Stein Verlag Basiswissen für draußen Band 12, ISBN 978-3-89392-312-0, € 7,90

Körperpflegemittel sind zwar wichtig, bringen aber viel Gewicht. Leichtgewichtsfanatiker benutzen Neutralseife zum Abspülen, Waschen, Zähneputzen usw. Tatsächlich sollte man sich aber bei allen Mittelchen fragen, ob sie wirklich notwendig und biologisch abbaubar sind, und wie viel man davon braucht. Manchmal ist es sinnvoll, sie in kleinere Fläschchen abzufüllen.

☺ Außerdem kann man sich manches sparen, wenn man zu mehreren auf Tour ist. Es braucht schließlich nicht jeder eine ganze Zahnpastatube.

Taschenlampen gehören bekanntlich auch zur Standard-Ausrüstung eines Globetrotters. Hier kann man sich allerdings viel Gewicht sparen.

In der Wildnis verwende ich nur noch die "Mini-Mag" mit zwei Sätzen Akkus, samt Billigst-Solar-Ladegerät und "Mag-Lite"-Stirnband. So habe ich eine notdürftige Stirnlampe für nächtliches Kochen und Ähnliches, aber auch eine 360-Grad-ausleuchtende Zeltbeleuchtung: "Kopf" abschrauben, Lampe in die Kuppel hängen und schon ist jeder nächtliche Schatten aus dem Zelt verbannt.

Ein **Kompass oder ein GPS-Gerät** ist ein Präzisionsgerät für Könner. Aber ehrlich, ich würde niemandem raten, sich ernsthaft outdoors zu betätigen, ohne zumindest mit einer Kompassnadel umgehen zu können.

Natürlich erfordert das einige Übung und auch ein gutes Buch zum Einstieg in den Umgang mit diesen Geräten.

📖 **Karte Kompass GPS** von *Reinhard Kummer*, Conrad Stein Verlag Basiswissen für draußen Band 4, ISBN 978-3-89392-604-6, € 7,90

Werkzeug richtig zu handhaben ist da schon einfacher, obwohl sich auch bei diesem Thema die Geister scheiden. Ist man aber kein kleiner Survival-Freak, reichen eine kleine und eine große Klinge, wie beispielsweise bei einem einfachen Taschenmesser im Normalfall aus. Mit der großen Klinge kann man sich das kleine

Not-WC schaufeln, das kleine kann bis zum Skalpell aufsteigen. Eine feststellbare Klinge ist sehr hilfreich.

In den Bergen kann es aber schon sehr sinnvoll sein, auch einen Spaten mitzuführen, und in tropischen Breiten ist ein Haumesser oft unerlässlich.

Allerdings würde ich in diesem Bereich nicht leichtsinnigerweise zu viel Selbstbewusstsein an den Tag legen. Gerade in solchen Gegenden ist es sehr ratsam, erst einmal mit einem erfahrenen Partner zu reisen, der sein Know-how hier mit einbringt.

Wer eine **Sehhilfe** benötigt, ist vor allem bei sportlichen Aktivitäten mit Kontaktlinsen häufig besser bedient als mit der Brille. Für den Notfall sollte man vor allem bei längeren Unternehmungen aber in jedem Fall noch eine Brille dabeihaben. Bei Aktivitäten in staubiger Umgebung sind weiche Linsen vorzuziehen, weil es dabei weniger problematisch ist, wenn Staubpartikel ins Auge gelangen.

Alle herkömmlichen (weichen und harten) Kontaktlinsen sollten über Nacht aus dem Auge genommen werden, da das Auge nach längerem Tragen sonst nicht mehr ausreichend mit Sauerstoff versorgt wird. Das Einsetzen und Herausnehmen sowie die Pflege der Linsen erfordert allerdings einen gewissen hygienischen Standard (sorgfältiges Händewaschen, Verwendung einer speziellen Reinigungs- und Aufbewahrungslösung usw.), der bei Outdoor-Aktivitäten nicht immer gewährleistet ist. Auf einem Campingplatz sind die Voraussetzungen dafür in der Regel noch gegeben, nicht immer jedoch in der "Wildnis". Dann ist die Brille einfacher zu handhaben.

Eine Alternative bieten Kontaktlinsen, die nur für kurze Zeit getragen werden (Einweg-Kontaktlinsen). Sogenannte Tages- (One-day-) Linsen sind nur zum Tragen für einen Tag bestimmt und werden dann weggeworfen. Dabei ist keine Pflege und deshalb auch kein Mitnehmen von Pflegemitteln erforderlich. Allerdings sollten auch hier beim Einsetzen und Herausnehmen gewisse Hygienevoraussetzungen erfüllt sein.

Dann gibt es noch spezielle weiche Linsen, die auch über Nacht bzw. sogar mehrere Nächte im Auge gelassen werden können, weil sie sehr gut durchlässig für Sauerstoff sind. Diese sogenannten Monatslinsen sind - wie der Name schon sagt - maximal etwa vier Wochen haltbar und müssen dann entsorgt werden. Man sollte sie jedoch nicht so lange kontinuierlich tragen, sondern, wenn möglich, zwischendurch nachts herausnehmen, um die Augen zu schonen. Zum Reinigen und

Aufbewahren benötigt man Pflegemittel. Mit solchen Linsen kann man eine Fehlsichtigkeit durchaus mal für einige Tage "vergessen": Man braucht sich um nichts zu kümmern und sieht trotzdem immer den Sternenhimmel, wenn man im Freien schläft. Der Nachteil: Diese Linsen sind im Vergleich zu herkömmlichen oder Tageslinsen relativ teuer. Für den Urlaub können sie allerdings eine gute (vorübergehende) Lösung sein.

Vor einer geplanten Reise und/oder sportlichen Aktivitäten empfehlen wir Ihnen, sich vom Augenoptiker untersuchen und im Hinblick auf Ihre individuellen Bedürfnisse beraten zu lassen. Jede Linse sollte vor einer längeren Benutzung auf ihre Verträglichkeit getestet werden.

Vorsicht: Die Einnahme von oralen Kontrazeptiva ("Pille") und anderen Medikamenten, z.B. Mittel gegen Reisekrankheit, kann die Verträglichkeit von Kontaktlinsen beeinträchtigen! Nach längerem Dauertragen ist ebenfalls eine Untersuchung beim Augenarzt oder Optiker empfehlenswert, da dann die Gefahr von Verletzungen erhöht ist.

Klima- und UV-Schutz

Viele Reisen sind mit einem Klimawechsel verbunden, der hohe Anforderungen an unseren Körper stellt. Die Zeit, die wir für die Anpassung an neue Klimaverhältnisse benötigen, ist abhängig vom Klimaunterschied und von individuellen Faktoren, z. B. vom Alter.

Beim Wechsel in extreme bzw. ungewohnte Klimazonen, beispielsweise Tropen oder polare Zonen, kann es bis zu drei Wochen dauern, bis wir uns richtig angepasst und unsere körperliche Leistungsfähigkeit wieder voll erreicht haben. Deshalb sollte man sich vor allem am Anfang nicht zu viel zumuten und diesen Faktor rechtzeitig berücksichtigen.

Die Temperaturregulation des menschlichen Körpers erfolgt durch ein kompliziertes System, das uns normalerweise sehr wirksam vor einer Überwärmung oder Unterkühlung schützt. Dabei wirken viele Organe unseres Körpers wie Haut, Muskulatur und Kreislaufsystem entscheidend mit.

Besonders im **tropischen Klima** kann es durch hohe Temperaturen in Verbindung mit hoher Luftfeuchtigkeit und mangelnder Anpassung und/oder zusätzlicher Anstrengung zu Störungen der Wärmeregulation kommen. Mögliche Folgen sind Hitzekollaps (Hitzeerschöpfung), Hitzschlag, Sonnenstich, Hautausschläge oder Sonnenbrand.

In besonders **kalten Regionen** kommt es dagegen leicht zu Kälteschäden: Erfrierungen sind meist Folge einer langsamen, oft unmerklichen Kälteeinwirkung. Das Ausmaß der Schädigung ist abhängig von der Einwirkungsdauer und der Temperatur. Durch ungeeignete (nasse oder zu enge) Kleidung, Alkohol oder Rauchen werden Kälteschäden verschlimmert.

Erfrierungen sehen ähnlich aus wie Verbrennungen. Betroffen sind vorwiegend ungeschützte Körperstellen (Ohren, Nase, Finger, Zehen) oder schlecht durchblutete Körperteile infolge zu enger Kleidung. Gefühllosigkeit ist oft ein erstes Warnsignal für beginnende Erfrierungen.

Gerade Frauen frieren leicht oder leiden häufig unter kalten Füßen und Händen. Ursache ist oft ein niedriger Blutdruck oder mangelnde Durchblutung von Körperteilen, die weit von der Körpermitte entfernt liegen. An solchen Stellen können auch schon bei geringer Kälteeinwirkung Frostbeulen entstehen.

Von Unterkühlung spricht man beim Abkühlen des gesamten Körpers mit Absinken der Körpertemperatur. Hier darf eine Wiedererwärmung nur unter Anleitung eines Arztes erfolgen!

Die wichtigste Ausrüstung zum Schutz vor Kälte ist die Kleidung. Gerade, wenn man empfindlich gegenüber Temperatureinflüssen ist, sollte man hier am wenigsten sparen. Das Tragen von Kleidung schützt allerdings nicht immer ausreichend vor einem Sonnenbrand, vor allem, wenn sie sehr dünn oder nass ist. Leichte oder helle Stoffe können durchaus noch UV-Strahlung durchlassen.

UV-Strahlung

Die Stärke und Wirkung der ultravioletten (UV-)Strahlung auf der Erde wird durch mehrere physikalische Faktoren beeinflusst, insbesondere vom Einfallswinkel der Strahlen. Dieser ist im Wesentlichen von der geografischen Breite (Nähe zum

Äquator) sowie von der Jahres- und Tageszeit abhängig. Aber auch andere Umstände wie die Höhenlage, die Witterungsbedingungen und die Luftverunreinigungen sind von Bedeutung. Die unmittelbare Umgebung bestimmt, ob Strahlen gestreut oder reflektiert werden. Da Schnee- und Eisflächen die Sonnenstrahlen stark reflektieren, erhöht sich dadurch die Strahlenbelastung.

In großen Höhen nimmt die UV-Belastung mit der Höhenlage zu: Pro 1.000 Höhenmeter erhöht sich die UV-Strahlung um etwa 20 %. Die Gefahr, einen Sonnenbrand zu bekommen, ist daher in Höhenlagen besonders groß. Auch bei bewölktem Himmel oder Nebel kann noch ein großer Teil der UV-Strahlung auf die Erde gelangen. Und auch im Schatten ist man durch Reflexion Strahlen ausgesetzt, besonders bei hellem Sand oder im Schnee.

Die Strahlenintensität ist tageszeitlichen Schwankungen unterworfen: Drei Stunden vor und nach Sonnenhöchststand beträgt sie nur etwa ein Viertel der maximalen Intensität.

UV-Strahlung bewirkt das Austrocknen der Haut und fördert die vorzeitige Hautalterung und Faltenbildung. Durch langfristige oder wiederholte Schädigung der Haut erhöht sich zudem das Risiko, an Hautkrebs zu erkranken.

Versuchen Sie deshalb immer, einen **Sonnenbrand zu vermeiden**, indem Sie Sonnenschutzmittel mit ausreichend hohem Lichtschutzfaktor verwenden und Ihre Haut langsam an die Sonnenstrahlung gewöhnen. Schützen Sie insbesondere die stark gefährdeten und empfindlichen Körperstellen wie Nase, Ohren, Schultern, Lippen, Hand- und Fußrücken.

Auch die Augen sollten immer durch eine geeignete **Sonnenbrille** geschützt werden, die die UV-Strahlen abfiltert. Bei der Schneeblindheit kommt es durch übermäßige Einwirkung von UV-Strahlung auf die Augen zu einer Schädigung der Bindehaut und der Hornhaut ähnlich wie ein Sonnenbrand. Die Gefahr ist in Höhenlagen und in stark reflektierender Umgebung (Schnee oder Wasser) besonders groß, da hier die Strahlenintensität sehr hoch ist. Deshalb empfiehlt es sich vor allem im Hochgebirge und bei Eis und Schnee eine Sonnenbrille (Gletscherbrille) zu tragen, die zusätzlich "Scheuklappen" an der Seite hat, so dass auch von der Seite keine Strahlung einwirken kann.

☺ Im Winter bzw. bei großer Kälte ist die Haut besonders empfindlich: Sie ist in der Regel nicht an die Sonne gewöhnt, pigmentärmer und gegenüber äußeren Einflüssen wie Wind und Wetter sehr empfindlich. Um ein zusätzliches Austrocknen zu verhindern, empfiehlt sich im Winter die Anwendung von eher fetthaltigen Sonnenschutz- und Hautpflegemitteln.

Der richtige Sonnenschutz

Lichtschutzpräparate zum Schutz vor UV-A- und UV-B-Strahlen sind chemisch und/oder physikalisch wirksam. Der **Lichtschutzfaktor** (LSF oder englisch SPF = sun protection factor) dient zur Bewertung der Schutzwirkung. Er gibt an, wie viel mal länger man mit dem entsprechenden Schutzmittel in der Sonne bleiben kann als ohne Schutzmittel. Er muss auf der Verpackung des Lichtschutzmittels angegeben sein.

Am wichtigsten ist der **UV-B-Schutzfaktor**. Er wird bestimmt durch die geringste UV-B-Strahlendosis, die nötig ist, um bei einer Versuchsperson eine gerade erkennbare Rötung zu verursachen. Für die Angabe des UV-B-Lichtschutzfaktors gilt europaweit ein Standard nach der sogenannten COLIPA-Methode. Die Schutzzeit bezüglich der UV-A-Strahlung ist nur schwer messbar. Deshalb gibt es bislang keine einheitliche Bestimmungsmethode; viele Hersteller richten sich nach einem in Australien entwickelten Standard.

Die Lichtschutzsubstanzen können in verschiedene Grundlagen eingearbeitet sein. Diese sind von entscheidender Bedeutung für das Eindringen und die Haftung der Wirkstoffe in der Haut. Die Wahl der richtigen Grundlage sollte sich vorwiegend am Hautzustand orientieren. So empfiehlt sich bei normaler oder trockener Haut eine fetthaltige Grundlage (Creme, Salbe), bei fettiger Haut eher ein Gel.

☺ Verwenden Sie wasserfeste Mittel mit einem ausreichend hohen Schutzfaktor: für europäische Hauttypen mindestens Faktor 15 mit Breitspektrum-Schutz (gegen UV-A- und UV-B-Strahlung). Vergessen Sie auch nicht, die Augen mit einer Sonnenbrille und den Kopf mit einem Sonnenhut zu schützen.

✋ Vorsicht bei Kosmetika oder Parfums: Sie können Substanzen enthalten, die die Empfindlichkeit der Haut gegenüber der Sonnenstrahlung erhöhen. Verwenden Sie also vor einem Sonnenbad lieber keine Parfums oder Kosmetika.

Alle diese Schutzmaßnahmen ermöglichen zwar einen längeren Aufenthalt in der Sonne. Trotzdem sollte ihre Anwendung nicht dazu verführen, sich sicher zu fühlen und übermäßig der Sonne auszusetzen.

Übrigens: Doppeltes Auftragen verdoppelt keineswegs die Zeitdauer des Schutzes!

Outdoor-Küche

Weitab jeglicher Zivilisation kann die Versorgung mit Nahrung und Getränken für uns "Erste-Welt-Dummerchen" schnell zum Problem werden. Deswegen ist es vor allem bei längeren Passagen ohne Einkaufsmöglichkeit nur vernünftig, Expeditionsnahrung mitzunehmen. Diese ist durch den Wasserentzug und eine Minimalverpackung von lediglich 10 g extrem leicht, aber auch einfach und mit wenig Brennstoff zuzubereiten. Schließlich soll die Nahrung bedarfsgerecht die körperliche Leistungsfähigkeit sichern!

Dazu benötigt der Körper Fette und Kohlenhydrate zur Energiegewinnung, Eiweiße und Eisen zum Aufbau, Unterhalt und Reparatur von Zellen und Gewebe sowie Vitamine und Mineralstoffe als Stoffwechselregulatoren. Expeditionsnahrung bietet all das. Darüber hinaus ist sie leicht bekömmlich und schmeckt meist recht gut. Unter Anstrengung und in hohen Lagen entwickelt man wenig Appetit, jedoch gerade dann muss man besonders auf den nötigen Nachschub achten. Umso besser muss die Verpflegung also munden!

Am besten probiert man vorher schon seine Lieblingsgerichte aus der riesigen Palette von Gerichten aus, z.B. aus der Reihe "Adventure Lunch".

Sind die Einkaufsmöglichkeiten zwischendurch nicht so weit gestreut, sollte man so oft wie möglich frisch nachlegen. Das nötige Wasser lädt man sich sinnvollerweise aber so spät wie möglich auf. Dafür sind Wassersäcke am besten geeignet, die kaum Gewicht bringen und nur so viel Platz einnehmen, wie sie Wasser enthalten.

☺ Jeder Trekker sollte aber immer mindestens einen Liter Trinkbares mit sich führen und sich notfalls zwingen, genug Flüssigkeit (mindestens drei Liter täglich) zu sich zu nehmen.

Bezüglich der nötigen Energiezufuhr outdoors soll die folgende Tabelle weiterhelfen.

Energieverbrauch unter körperlicher Anstrengung

(Angaben in Joule jeweils für einen Tag)

Frauen	11.800 kJ
Männer	13.400 kJ
Mädchen 15 bis 18 Jahre	10.900 kJ
Jungs 15 bis 18 Jahre	15.100 kJ
Mädchen 12 bis 15 Jahre	10.100 kJ
Jungs 12 bis 15 Jahre	13.400 kJ
Mädchen 9 bis 12 Jahre	9.700 kJ
Jungs 9 bis 12 Jahre	10.500 kJ
Kinder 6 bis 9 Jahre	8.400 kJ
Kinder 3 bis 6 Jahre	6.300 kJ
Kinder bis 3 Jahre	5.000 kJ

Für frische Lebensmittel sollten immer einige Säckchen und Fläschchen zur Verfügung stehen. Wer Dosen, Glasflaschen oder Ähnliches auspackt, outet sich in peinlicher Weise als absoluter Stümper! Ausnahme sind dekadente Kletterer ...

Bezüglich der **Ess- oder Kochgeschirre** gibt es einen alten Glaubenskrieg: Alu contra Edelstahl. **Aluminium** ist zwar um einiges billiger als Edelstahl, dafür aber lange nicht so haltbar. Außerdem entsteht beim Schrubben von Alu-Geschirr ein ungesunder Abrieb zumindest, wenn die Oberflächenveredelung nach längerem Gebrauch dahinschwindet. Dieses Geschirr sollte zumindest sorgfältig abgespült werden. **Edelstahl** hat dafür mehr Gewicht.

Nahezu ideal dürfte die Verbindung von beidem bei Ilanox von "Enders" und bei Duossal von "Trangia" sein: außen Alu (leicht) und innen Edelstahl (haltbar)!

Eine recht teuere Alternative ist Titan: leicht und universell.

Es gibt auch nette **Kunststoffteller** und -tassen, die man aber nur zum Essen und nicht zum Kochen benutzen kann. Gerade diese Funktionsunion zwischen Koch- und Essgeschirr aber spart erheblich Platz und Gewicht:

Ein kleiner Pott auch als Teekessel verwendbar, ein Teller zur Pfanne umfunktionierbar, eine Tasse und Besteck, mehr braucht es eigentlich nicht. Geht man zu mehreren, kann man ineinander stapelbare Teile verwenden. Die (oder der) andere kann ja dann den Kocher tragen.

Kocher sind das nächste Thema: Gar keinen mitzunehmen, sollte alten Pfadfindern vorbehalten bleiben. Außerdem sollten zugunsten des Umweltschutzes alle Ressourcen, insbesondere Brennstoffe sparsam verwendet werden.

Sehr sauber und einfach in der Handhabung sind **Kartuschen-Gas-Kocher**. Bei diesen braucht man nur auf das Gewicht zu achten. Verlässt man allerdings Mitteleuropa, bekommt man oft keinen Kartuschen-Nachschub mehr. In Skandinavien sind eher die Schraubkartuschen verbreitet. Von dort kommt auch der "Trangia"-Kocher, der normalerweise mit Spiritus betrieben wird. Dieser Brennstoff ist wohl der billigste. Etwas Geduld muss man bei seiner Verwendung aber aufbringen.

Am schnellsten ist nach wie vor der **Benzin-Kocher**, für den man auch überall auf der Welt Brennstoff erhält, soweit er nicht nur für Kocherbenzin ausgelegt ist. Dieser ist allerdings auch der teuerste Kocher er kostet schon mal € 120 und bedarf einiger Pflege.

Eigentlich selbstverständlich dürfte Folgendes sein: Gerade outdoors benötigt man ausreichend Energienachschub, sonst wird es schnell gefährlich.

Ein warmes Getränk in der Früh und etwas Schmackhaftes zu essen sind unerlässlich. Wer es sich sparen will, den Kocher im Halbschlaf anzuschmeißen, schadet seinem Körper, beeinträchtigt seine Leistungsfähigkeit und riskiert höhere Anfälligkeit für Krankheiten.

Tagsüber sollten mehrere Mahlzeiten eingenommen werden, wenn sie oft auch nur klein sind. Dabei darf das Trinken nicht vernachlässigt werden. Im Verlauf eines Tages sollte man mindestens drei Liter Flüssigkeit zu sich nehmen, unter körperlicher Anstrengung und in Extremsituationen sogar erheblich mehr. Ist das nicht möglich, versuchen Sie bei jeder Gelegenheit, so viel wie nur möglich zu trinken.

Die Getränke sollten nie ganz kalt sein. Das gilt für heiße Regionen genauso wie für gemäßigte, polare oder extrem hohe!

📖 **Kochen 1** *aus Rucksack und Packtasche* von *Nicola Boll*, Conrad Stein Verlag Basiswissen für draußen Band 8, ISBN 978-3-89392-608-4, € 7,90

Frauen, die mit Männern als Reisepartnern unterwegs sind, beteiligen sich oft wenig an Entscheidungen bezüglich gemeinsam verwendeter Ausrüstungsgegenstände, wie etwa Zelte oder Werkzeug. Manchen ist das ganz angenehm, weil sie sich so mit weniger Informationen oder Werbung befassen müssen. Wie anfangs schon erwähnt, sind aber gerade Frauen sehr oft geschickte Ausrüsterinnen. Bei Anfängerinnen lohnt es sich also doch, sich ein paar Kenntnisse zur Ausrüstung anzusammeln. Je mehr Köpfe an der Planung von Touren beteiligt sind, desto besser in der Regel das Ergebnis!

Gesund unterwegs

Gründliche Vorbereitung einer Tour und richtiges Verhalten während der Reise können vor vielen gesundheitlichen Gefahren schützen. Wer über die Risiken Bescheid weiß, kann sein Verhalten danach richten und sich dadurch besser schützen.

Deshalb ist es wichtig, dass Sie sich vorher über die Gegebenheiten (Klima, Lebensweise, Essgewohnheiten usw.) Ihres Reiseziels informieren, um besondere Gesundheitsrisiken möglichst gut zu kennen. Solche Informationen sind in Reiseführern, -berichten oder Nachschlagewerken und im Internet zu finden. Das Internet ist vor allem dann von Vorteil, wenn man möglichst aktuelle Informationen etwa zu Reisewarnungen oder zur Vorbeugung von Krankheiten (Impfungen, Malariarisiko etc.) sucht. Natürlich kann man sich auch bei tropenmedizinischen Instituten oder einem reisemedizinisch tätigen Arzt informieren. Dort können Sie dann gleich die notwendigen Impfungen durchführen lassen und ein Rezept für ggf. erforderliche Medikamente bekommen.

Hygiene und gesundheitliche Vorbeugemaßnahmen

Haut- und Körperpflege

Bezüglich allgemeiner Körperhygiene gilt es einige Grundregeln zu beachten, die hauptsächlich der Vorbeugung von (Infektions-)Krankheiten dienen.

Unsere Haut ist von schädlichen Einflüssen aus der Umwelt oft besonders stark betroffen. Ist sie erst einmal geschädigt, so verliert sie ihre **Schutzfunktion**, und wir werden vermehrt anfällig gegenüber vielen Krankheiten. Deshalb ist es besonders wichtig, dass man seine Haut gründlich schützt und pflegt: durch regelmäßiges Waschen, richtige Hautpflege und Tragen von zweckmäßiger Kleidung.

Die Haut muss von hauteigenen Stoffen (Schweiß usw.), Schmutz, Keimen und Resten kosmetischer Produkte gereinigt werden. Zum Entfernen von fettlöslichen Substanzen reicht Wasser allein nicht aus, sondern es sind Detergenzien (Waschmittel) erforderlich: Man unterscheidet zwischen **Seifen** und synthetischen Detergenzien (Syndets).

Syndets sind im Allgemeinen hautverträglicher als Seifen und empfehlen sich vor allem bei trockener Haut, da sie den natürlichen Säureschutzmantel schonen. Wie häufig man sich waschen sollte, hängt stark von individuellen Gegebenheiten (z.B. dem Hautzustand) und vom Klima ab. Durch zu häufiges Waschen trocknet die Haut aus und verliert ihre Schutzfunktion. Auch äußere Einflüsse (z.B. Sonnenstrahlung, Staub, Wind, Baden in Salzwasser) fördern das Austrocknen.

Häufig genügt es aber auch, sich zwischendurch nur mit klarem Wasser zu waschen oder Seife bzw. Syndet nur an Problemzonen wie Achselhöhlen, Füßen und im Genitalbereich anzuwenden.

Hautpflege bedeutet vor allem, der Haut verlorenes Fett und verlorene Feuchtigkeit zurückzugeben und sie vor Umwelteinflüssen zu schützen. Es empfiehlt sich, trockene Haut nach dem Waschen mit einer **Creme** oder **Lotion** einzufetten. Sie sollte immer eine Kombination aus Fett und Feuchtigkeit enthalten.

☺ Im Allgemeinen gilt: Bei warmen Temperaturen oder hoher Luftfeuchtigkeit ist eine weniger fetthaltige Grundlage (z.B. Lotion) besser verträglich, während die Haut bei kaltem Klima durch eine fettreiche Grundlage (Salbe) besser geschützt ist.

Auch im Hinblick auf die Körperhygiene gilt: Achten Sie in erster Linie auf **zweckmäßige Kleidung**! Vor allem bei (feucht-)warmem Klima und großer körperlicher Anstrengung kann es infolge starken Schwitzens zu verschiedenen Problemen (z.B. Entzündungen, Hitzestau, Schweißfrieseln) kommen. Die Oberbekleidung soll nicht eng anliegen, sondern locker sitzen, um einen Hitzestau zu vermeiden.

Reine Naturfasern (Baumwolle, leichte Wolle, Seide) sind in der Regel verträglicher als Kunstfasern (z.B. Nylon, Perlon, Polyamid) oder Kunstfasergemische, da sie die Feuchtigkeit gut aufsaugen können. Für bestimmte Reiseziele kann sogenannte Funktionswäsche aus Mikrofasern allerdings besser geeignet sein, die körperliche Leistungsfähigkeit aufrechtzuerhalten.

In den Tropen sollte man nie barfuß gehen, denn dabei drohen Gefahren wie Hakenwürmer und Gifttiere. Empfehlenswert sind geschlossene Schuhe; Sandalen schützen nicht immer ausreichend. Aber auch Gummi(-turn-)schuhe sind ungeeignet, weil sie einen Hitzestau verursachen. Tragen Sie besonders bei längeren Fußmärschen immer Strümpfe oder Socken! Sie verhindern, dass man sich die Haut aufreibt. In öffentlichen Bädern, sanitären Anlagen auf Campingplätzen oder an ähnlichen Orten mit feuchten/nassen Böden empfiehlt sich das Tragen von Badeschuhen. Denn hier droht eine Ansteckung mit Hautpilzen.

Es ist zwar kein typisches Outdoor-Thema, aber auf Campingplätzen und bei gelegentlichen "Zivilisations-Kontakten" ein Problem, das vorwiegend Frauen betrifft, denn sie sind aufgrund der Anatomie beim "Pinkeln" gegenüber Männern benachteiligt: Besser ist es, nicht mit der Sitzfläche eines Toilettensitzes - sei es ein WC oder Plumpsklo - in Berührung zu kommen. Empfehlenswert - sofern sie ins Gepäck passen - sind Flächendesinfektionsspray oder Papierbrillen zum einmaligen Gebrauch, die man auf die Klobrille legt.

Neuerdings gibt es spezielle Hilfsvorrichtungen, die Frauen das Pinkeln im Stehen ermöglichen sollen. Die Anwendung ist etwas gewöhnungsbedürftig und die Hilfe greift nur beim "kleinen Geschäft".

📖 **How to shit in the Woods** von *Kathleen Meyer*, Conrad Stein Verlag Basiswissen für draußen Band 103, ISBN 978-3-86686-103-9, € 7,90

✋ Auch **Tiere** können viele Krankheitserreger und Parasiten (z.B. Läuse, Flöhe) auf den Menschen übertragen. Seien Sie bei unbekannten Haus- und Wildtieren deswegen lieber vorsichtig: Berühren Sie die Tiere nicht, auch wenn sie noch so nett aussehen.

Nahrungsmittel und Trinkwasser

Krankheiten, die durch Lebensmittel und Trinkwasser übertragen werden, sind sehr weit verbreitet und verursachen die meisten Durchfallerkrankungen auf Reisen.

Grundsätzlich gilt, dass alle ungekochten Speisen, außer selbst geschältem Obst und Gemüse, gefährlich sein können. Aber auch gekochte Speisen, die über längere Zeit ungekühlt (über 6 bis 8°C) aufbewahrt wurden, enthalten oft krank machende Keime. Besondere Vorsicht ist bei rohen Salaten, Milch und Speiseeis geboten.

Fleisch, Fisch und Meerestiere sollten immer vollständig durchgebraten oder gekocht sein. Wenn Ihnen eine angebotene Speise verdächtig vorkommt, sollten Sie lieber darauf verzichten!

Leitungswasser ist in den meisten Ländern nicht bedenkenlos zum Trinken geeignet. Wenn nur der geringste Zweifel besteht, sollte man lieber original verschlossenes Mineralwasser, abgekochtes oder gechlortes Wasser verwenden. Es gibt auch Filter oder chemische Mittel zur Wasserentkeimung (z.B. Präparate mit Chlor oder Silbernitrat). Sie alle haben ihre Vor- und Nachteile. Eine Alternative besteht darin, das Wasser (mindestens 10 Minuten lang) abzukochen.

Getränke in verschlossenen Flaschen oder Dosen sind in der Regel bedenkenlos trinkbar. Noch besser ist es, wenn sie Kohlensäure enthalten. Auch frisch zubereiteten Kaffee oder Tee kann man in der Regel ohne Bedenken genießen.

Besonders bei warmen Temperaturen sollte man Alkohol - wenn überhaupt- nur in geringen Mengen zu sich nehmen. Er bewirkt, dass man die Hitze schlechter verträgt, und fördert das Auftreten der Reise- oder Höhenkrankheit. Und Frauen sollten besonders vorsichtig sein, denn sie vertragen einfach weniger, und das nicht nur aufgrund ihres (meist) geringeren Körpergewichtes, sondern auch, weil der Alkohol bei ihnen nicht so schnell abgebaut wird, wie bei Männern.

Auch (eis-)kalte Getränke sind - so paradox es klingt - als Durstlöscher bei tropischen Temperaturen nicht unbedingt empfehlenswert: Als Gegenreaktion - nämlich um den abgekühlten Magen wieder aufzuwärmen - wird die Körpertemperatur eher noch erhöht, und es kann zu vermehrtem Schwitzen, Müdigkeit und Bauchschmerzen kommen.

☺ Wichtig ist in jedem Fall, dass Sie von Anfang an immer ausreichend Flüssigkeit zu sich nehmen. Das bedeutet im Allgemeinen: mindestens 3 l täglich, bei großer Hitze ein Mehrfaches davon.

Achten Sie auf die Farbe Ihres Urins! Er sollte immer hellgelb sein; eine Dunkelfärbung weist darauf hin, dass Sie nicht genügend trinken.

Impfungen

Aus Platzgründen können wir hier nicht auf einzelne Impfungen oder Krankheiten näher eingehen. Da sich die Empfehlungen für Impfungen oder die Malariaprophylaxe immer wieder ändern können, ist es ratsam, sich vor einer geplanten Reise bei einem Tropeninstitut, einem reisemedizinisch beratenden Arzt oder im Internet (Adressen siehe unten) über die im Reiseland geforderte oder empfohlene Impfung und die aktuelle Situation zu informieren. Je nach Ziel sollten Sie drei bis fünf Wochen vorher mit den Impfungen und einer eventuell notwendigen Malariaprophylaxe beginnen.

Die wichtigsten Impfungen: Anzeigen, Dauer und Gültigkeit

Bei ordnungsgemäß durchgeführter Impfung (Grundimmunisierung)	Gültigkeitsdauer	Schutzdauer	Indikationen (Anzeigen)
Cholera	6 Monate	6 Monate	wenn vom Einreiseland gefordert
Diphtherie		10 Jahre	allgemein empfohlen
FSME (Frühsommer-meningoenzephalitis)		3 - 5 Jahre	für bestimmte Regionen bzw. Risikogruppen empfohlen
Gelbfieber	10 Jahre	10 - 15 Jahre	wenn vom Einreiseland gefordert oder empfohlen
Hepatitis A		10 Jahre	für Reisen in Risikogebiete empfohlen
Hepatitis B		1 - 5 Jahre	für Risikogruppen empfohlen
Influenza (Grippe)		3 - 6 Monate	für Risikogruppen empfohlen
Japan. Enzephalitis		2 - 4 Jahre	für bestimmte Regionen empfohlen
Meningokokken-Meningitis		3 Jahre	wenn vom Einreiseland gefordert oder empfohlen
Poliomyelitis		ca. 10 Jahre	allgemein empfohlen
Tetanus		5 - 10 Jahre	allgemein empfohlen
Tollwut		1 - 3 Jahre	für Risikogruppen und bestimmte Regionen empfohlen
Typhus		1 - 3 Jahre (kein 100 %iger Schutz)	bei Reisen in bestimmte Regionen

Sämtliche Empfehlungen in der Tabelle gelten für Erwachsene. Die Dauer des Impfschutzes bezieht sich jeweils auf die aktive Impfung (nicht mit Immunglobulinen). Wurde eine Grundimmunisierung durchgeführt, ist eine Auffrischimpfung spätestens nach Ablauf der Schutzdauer anzuraten. Die allgemein empfohlenen Schutzimpfungen werden von den Krankenkassen bezahlt und sollten - auch unabhängig von einer Reise - regelmäßig aufgefrischt werden. Für alle übrigen Impfungen muss man die Kosten selbst übernehmen.

Vorbeugung gegen Malaria

Bei der Vorbeugung (Prophylaxe) gegen Malaria unterscheidet man zwischen Schutz vor Mückenstichen (Expositionsprophylaxe) durch geeignete Kleidung und Anwendung von Mücken abwehrenden chemischen Mitteln (Repellents) und der Malariaprophylaxe mit Medikamenten. In Risikogebieten sollte man sich an die Empfehlungen der Weltgesundheitsorganisation (WHO) bzw. der Deutschen Tropenmedizinischen Gesellschaft zur Malariaprophylaxe halten. Dabei ist allerdings zu beachten, dass auch die Einnahme von Medikamenten keinen hundertprozentigen Schutz bietet und mit Nebenwirkungen einhergehen kann. Trotzdem sollte man die Empfehlungen grundsätzlich ernst nehmen, denn Malaria ist eine gefährliche Erkrankung, die ohne Behandlung tödlich verlaufen kann. In jedem Fall sollten Sie auf verdächtige Symptome achten, wenn Sie sich in einem Malariarisikogebiet aufgehalten haben, und ggf. schnellstmöglich einen Arzt aufsuchen. Dabei sollten Sie daran denken, dass eine Malaria auch noch mehrere Monate nach Aufenthalt in dem Risikogebiet auftreten kann.

Thromboserisiko senken

Bei längerem Sitzen, vor allem auf Langstreckenflügen ist das Risiko für die Bildung eines Blutgerinnsels (Thrombose) erhöht. Für gesunde Menschen mittleren Alters besteht nur ein geringes Risiko. Anders sieht es allerdings bei Personen aus, die bereits bestehende Risikofaktoren haben, wie Übergewicht, Rauchen, Venenerkrankungen oder Einnahme der "Pille". Auch ältere Menschen und Schwangere haben ein erhöhtes Risiko. Wenn bei Ihnen solche Risikofaktoren bestehen, sollten Sie sich vor einem Langstreckenflug vom Arzt beraten lassen und über geeignete Vorbeugungsmaßnahmen informieren. So lässt sich das Risiko z.B. durch viel Bewegung an Bord oder das Tragen von Kompressionsstrümpfen deutlich reduzieren. Man sollte im Flugzeug nie mehrere Stunden lang sitzen bleiben, sondern zwischendurch aufstehen und sich die Füße vertreten oder - soweit möglich - Fuß- und Beingymnastik machen. Darüber hinaus ist es wichtig, immer genug zu trinken. Diese Empfehlungen gelten im Prinzip für alle (auch für Männer).

Wichtige Internet-Adressen mit reisemedizinischen Informationen:

- Fit for Travel: www.fit-for-travel.de
- Centrum für Reisemedizin: www.crm.de
- TravelMed Reisen und Gesundheit: www.travelmed.de
- Forum Reisen und Medizin (Liste reisemedizinisch fortgebildeter Ärzte und Gelbfieberimpfstellen): www.frm-web.de
- Deutsche Tropenmedizinische Gesellschaft (Empfehlungen zu Impfungen und Malariavorbeugung): www.dtg.org

Verhütung

Der Begriff "Verhütung" bezieht sich hier nicht nur auf Empfängnisverhütung, sondern auch auf Verhütung von Krankheiten, u.a. im Zusammenhang mit Sex.

Empfängnisverhütung

In Zusammenhang mit einer Reise wird unser Körper in der Regel durch Klimawechsel und ungewohnte körperliche und/oder psychische Anstrengungen zusätzlich belastet. Bei Flugreisen kommt noch die Zeitumstellung hinzu. Diese Veränderungen können den weiblichen Zyklus erheblich durcheinanderbringen, d.h., er ist entweder verlängert oder verkürzt, die Regel kann später oder früher eintreten als erwartet.

Mit anderen Worten: Man kann sich nicht wie gewohnt auf den Kalender verlassen. Das bedeutet auch, dass ohne sichere Verhütung beim Geschlechtsverkehr prinzipiell Vorsicht geboten ist. Dies gilt vor allem für Frauen, die natürliche Verhütungsmethoden praktizieren, also solche, die auf Beobachtung des Zyklus und periodischer Enthaltsamkeit beruhen, wobei nur an bestimmten, "gefährlichen" Tagen eine Verhütungsmethode angewendet wird. Bei (zu erwartenden) Zyklusunregelmäßigkeiten empfiehlt es sich deshalb, eine möglichst sichere Verhütungsmethode (z.B. Kondome) anzuwenden.

Wenn Sie die **Pille** nehmen, brauchen Sie solche Unregelmäßigkeiten zwar nicht zu befürchten, da die Zykluslänge überwiegend durch die Einnahme der künstlichen Hormone bestimmt wird. Dafür gibt es aber einiges andere zu beachten. Insbesondere bei Flugreisen muss für die regelmäßige Einnahme der Pille auch die Zeitumstellung berücksichtigt werden. Bestimmte Präparate müssen wirklich sehr pünktlich eingenommen werden, eine größere Zeitverschiebung kann man sich dabei nicht erlauben.

Auf längeren (Flug-)Reisen sollte man die Pillen deshalb auch im Handgepäck mitführen, damit sie jederzeit verfügbar sind. Bei Flügen, die kürzer als 10 Stunden dauern, kann man den Einnahmezeitpunkt entsprechend verschieben oder auch nach der Ortszeit am Zielort beibehalten. Bei einer Flugdauer über 10 Stunden muss das Einnahmeschema entsprechend der Zeitumstellung und Flugdauer geändert werden. Es empfiehlt sich beispielsweise, die Einnahme von abends auf morgens - oder umgekehrt - zu verschieben.

Bei Durchfall oder Erbrechen ist zu beachten, dass der Wirkstoff im Darm nicht ausreichend aufgenommen werden kann, wenn die Beschwerden unmittelbar, d.h. innerhalb von vier Stunden nach Einnahme der Pille auftreten. Die Pille ist dann nicht mehr voll wirksam. In solchen Fällen ist es sicherer, dann einen zusätzlichen Verhütungsschutz anzuwenden.

Wenn man die Pille nimmt, ist die Versuchung unterwegs oft groß, die Zykluslänge zu beeinflussen, d.h. die Menstruation nach vorne oder hinten zu verschieben, indem man die Dragees entsprechend kürzer bzw. länger einnimmt. Einen solchen "Eingriff" sollte man sich aber nur in Ausnahmefällen erlauben und nicht zur Gewohnheit werden lassen!

☺ Noch ein Wort zu Pillen-Präparaten: Im Ausland sind sie oft billiger, aber nicht alle Präparate sind überall erhältlich. Deshalb lieber einen ausreichenden Vorrat mitnehmen!

Bei Einnahme der Pille ist bekanntlich das Risiko für die Bildung einer Thrombose (Blutgerinnsel) erhöht. Wenn weitere Risikofaktoren hinzukommen, sollten Sie vor allem bei längeren Flugreisen entsprechende Empfehlungen zur Vorbeugung beachten.

Verhütung von Infektionen

Bei sexuell übertragbaren Krankheiten denkt man in erster Linie natürlich an **AIDS**. Abgesehen davon gibt es jedoch noch eine ganze Reihe von weiteren unangenehmen Folgen. Neben den klassischen **Geschlechtskrankheiten** wie Syphilis oder Tripper (Gonorrhoe), die übrigens keineswegs im Aussterben begriffen sind, können viele andere durch verschiedene Mikroorganismen verursachte Krankheiten übertragen werden, die nicht unbedingt immer mit Sex in Zusammenhang gebracht werden. So erhöhen einige sexuell übertragbare Virusarten (sog. Papillomaviren, kurz HPV) das Risiko, an Gebärmutterhalskrebs zu erkranken.

Auch **Läuse** (z.B. Filzläuse) oder **Milben** (Verursacher der Krätze) können auch ohne Sex schon durch engen körperlichen Kontakt den Menschen wechseln.

Fazit: Auch wenn ein Intim-Partner einen "negativen" HIV-Test vorweisen kann, ist damit noch nicht gesagt, dass man sich bei ihm nicht auch noch etwas anderes holen könnte.

Neben der Enthaltsamkeit besteht der wirksamste Schutz vor Infektionskrankheiten jeder Art beim Geschlechtsverkehr in der Benutzung von Kondomen. Bei wechselnden Partnerschaften oder unzuverlässigen Partnern muss das Benutzen eines Kondoms eine Selbstverständlichkeit sein. Nehmen Sie Kondome sicherheitshalber von zu Hause mit, denn auf viele ausländische Fabrikate scheint leider kein Verlass zu sein.

Kleine Outdoor- und Reisemedizin

Zu diesem Thema gibt es eigentlich wenig Frauen-Spezifisches. Denn fast alles, was sich zu Vorbeugung, Impfung, Behandlung von Krankheiten oder Erste Hilfe sagen lässt, gilt in gleicher Weise für Frauen und Männer, und damit könnte ein eigenes dickes Buch gefüllt werden. Da wir aber nicht die Absicht hatten, hier ein eigenständiges Outdoor(-Medizin)-Buch zu schreiben, sondern eine Ergänzung über spezielle Frauenprobleme, müssen wir diesbezüglich auf Bücher zu diesen Themen verweisen und uns nur auf einige besondere Sachverhalte beschränken. Noch ein Tipp: Ein zusätzlicher (evtl. spezieller Outdoor-)Erste-Hilfe-Kurs kann nie schaden!

📖 **Erste Hilfe** von *Martin Schepers,* Conrad Stein Verlag Basiswissen für draußen Band 39, ISBN 978-3-89392-139-3, € 7,90

Hinweise zum Gebrauch von Arzneimitteln

Für alle Medikamente, die vom Arzt verordnet sind, gilt: Seine Anweisungen zur Art der Anwendung und Dosierung (Menge, Dauer und Häufigkeit der Einnahme) sollten unbedingt befolgt und nicht auf eigene Faust geändert werden.

Ohne Empfehlung durch einen Arzt richte man sich nach den Angaben auf dem Beipackzettel. Wenn Sie bereits Medikamente nehmen, sollten Sie eine Änderung der Medikation immer mit dem behandelnden Arzt absprechen. Das gleiche gilt während einer Schwangerschaft, denn viele Arzneimittel können dem ungeborenen Kind schaden.

Lassen Sie sich beim Lesen eines Beipackzettels von den zum Teil gefährlich klingenden Nebenwirkungen nicht abschrecken! Die Wahrscheinlichkeit für ihr Auftreten ist äußerst gering und der Nutzen der erwünschten Wirkung viel größer als das Risiko.

✋ Lesen Sie den Beipackzettel trotzdem immer aufmerksam durch! Beachten Sie auch, dass sich im Zusammenhang mit Alkohol die (Neben-)Wirkungen vieler Medikamente verstärken und es zu unberechenbaren Folgen kommen kann!

✋ Sorgen Sie dafür, dass Medikamentenvorräte möglichst kühl und trocken gelagert werden! Bei Temperaturen um 40°C bzw. unter direkter Sonnenbestrahlung können sich viele Präparate, vor allem Zäpfchen und Sprays, so verändern, dass sie nicht mehr gebrauchsfähig sind. Nach Ablauf des Verfallsdatums sollten Medikamente nicht mehr verwendet werden.

Ein spezieller Tipp für (leichtgewichtige) Frauen: Die richtige Dosierung fast aller Medikamente ist abhängig vom Körpergewicht. Das spielt zwar nicht immer eine Rolle, kann jedoch bei einigen Wirkstoffen durchaus "ins Gewicht fallen". Die (im Beipackzettel) üblicherweise angegebenen Dosierungen sind in der Regel auf (männliche) Erwachsene mit einer durchschnittlichen Größe von 170 bis 180 cm und einem Körpergewicht von 70 bis 80 kg bezogen. Bei stärkeren Abweichungen von dieser Norm, also beispielsweise bei einer nur 50 kg schweren Frau, ist dies unter Umständen zu berücksichtigen und eine etwas niedrigere Dosis zu wählen. Befragen Sie im Zweifelsfall Ihren Arzt.

Versorgung bei Verletzungen

Je nach Art einer Verletzung können Wunden sehr unterschiedlich aussehen, ihre Tiefe und Ausdehnung lässt sich oft nicht sofort feststellen. Jede auch noch so kleine Wunde kann als Eintrittspforte für Krankheitserreger dienen, deshalb sollte man sie sehr sorgfältig behandeln.

▷ **Größere Wunden** müssen (bis zur endgültigen Versorgung im Krankenhaus oder durch einen Arzt) mit einem keimfreien (sterilen) Verband oder Kompressen, notfalls auch mit sauberen Tüchern abgedeckt werden. Bei offenen Wunden muss die unterste Schicht immer aus einer sterilen Auflage bestehen, die durch Binden, Klebestreifen oder Pflaster befestigt wird. Achten Sie bei jedem Verband (außer Druckverband) darauf, dass er nicht zu fest angelegt wird. Es darf nicht zu einer Einschränkung der Durchblutung oder Gefühlsstörungen (Kribbeln, Taubheitsgefühl) kommen. Vermeiden Sie jede unnötige Berührung einer offenen Wunde mit den Händen oder nicht keimfreien Gegenständen!

▷ **Schürfwunden**, also oberflächliche Verletzungen der Haut, kann man im Allgemeinen gut mit Pflaster oder Sprühverband verbinden.

▷ **Schnittwunden** besitzen glatte Ränder, sie können unterschiedlich tief sein und oft sehr stark bluten. Tiefere Schnittwunden sollten genäht werden. Bis zur endgültigen Versorgung sind sie möglichst steril zu verbinden, bei starker Blutung mit einem Druckverband.

▷ **Platz-, Quetsch- und Risswunden** entstehen durch stumpfe Gewalteinwirkung, wobei das umliegende Gewebe häufig zerstört wird; die Wunden sind oft stark verschmutzt (Infektionsgefahr!). In den meisten Fällen ist eine chirurgische Behandlung notwendig; bis dahin ist die Wunde unbedingt steril abzudecken.

▷ **Verletzungen durch Fremdkörper** und **Stichwunden** können sehr tief reichen, vielfach sind auch innere Organe mit verletzt. Fremdkörper bis zur endgültigen Versorgung niemals entfernen, sondern immer belassen; Umgebung steril abdecken und dafür sorgen, dass der Fremdkörper sich beim Transport nicht verschiebt.

▷ Bei **Biss- oder Kratzwunden** besteht große Infektionsgefahr, die entsprechende Behandlung sollte stets durch einen Arzt erfolgen.

In jeden Rucksack gehört eine sogenannte **Rettungsfolie**, die im Notfall dafür sorgen kann, verunglückte Personen vor Unterkühlung zu schützen.

Blutstillung

Bei der Verletzung von größeren Blutgefäßen, insbesondere bei Schlagadern (Arterien), kommt es zu starken Blutungen, die manchmal nicht mehr von selbst aufhören.

Solche Blutungen können durch einen **Druckverband** vorübergehend gestillt werden: Decken Sie die Wunde zunächst steril ab. Legen Sie dann ein Druckpolster (z.B. Verbandpäckchen) darauf und wickeln Sie eine Binde so fest darüber, dass Druck auf die Wunde ausgeübt wird. Wenn es trotzdem weiterblutet, legen Sie einen weiteren, noch festeren Druckverband zusätzlich an.

Sportverletzungen (Prellung, Verstauchung, Verrenkung)

Verletzungen, bei denen Teile des Bewegungsapparates (Muskeln, Sehnen, Bänder usw.) betroffen sind, entstehen durch stumpfe Gewalteinwirkung. Dabei kommt es zur Anschwellung des Gewebes, manchmal zur Fehlstellung von Gliedmaßen und zu Blutergüssen und Schmerzen.

Die Behandlung besteht in Ruhigstellung mit Hilfe einer Schiene, elastischen Binden oder Pflasterverband, um weitere Belastungen abzumildern und das betroffene Gelenk zu stützen. Bei Schwellungen helfen Hochlagern und kühlende Umschläge. Zusätzlich kann man äußerlich Sportsalben anwenden. Da bei vielen Sportverletzungen ein Bruch oder Bänderriss nicht auszuschließen ist, soll möglichst ein Arzt aufgesucht werden, um langfristigen Schäden vorzubeugen.

Die körperliche Leistungsfähigkeit

Im Hinblick auf die körperliche Leistungsfähigkeit hat der weibliche Körper (im Vergleich zum männlichen) einige Besonderheiten, die sich bei Outdoor-Aktivitäten durchaus bemerkbar machen können.

Was ist bei Frauen anders?

Prinzipiell gilt: Frauen können genauso hart trainieren wie Männer und sind auch besonders ausdauernd. Gerade im Leistungssport haben Frauen in den letzten Jahrzehnten gegenüber den Männern stark aufgeholt. Trotzdem werden Frauen im Durchschnitt nie die körperliche Leistungsfähigkeit von Männern erreichen können. Das liegt an verschiedenen anatomischen und physiologischen Gegebenheiten, die bei den Geschlechtern unterschiedlich sind.

Es fängt beim **Körperbau** an: Frauen sind im Durchschnitt nicht nur kleiner (um 10 bis 13 cm) und leichter (um 20 bis 25 %) als Männer. Auch das Verhältnis von Fettgewebe zu Muskulatur ist anders: Während bei der Durchschnittsfrau der Anteil des Fettgewebes 20 % des Körpergewichts beträgt, ist es beim Mann nur etwa halb so viel.

Der gesamte Bewegungsapparat von Frauen ist zierlicher gebaut, das Bindegewebe und damit auch die Verbindungen zwischen den Gelenken sind lockerer und weicher. Frauen sind deshalb zwar beweglicher als Männer, aber auch gegenüber starken mechanischen Belastungen empfindlicher.

Die **Muskelkraft** ist ebenfalls deutlich geringer. Das liegt sowohl an der geringeren Masse als auch am Aufbau der Muskulatur (weniger Muskelfasern). Auch hinsichtlich der Trainierbarkeit sind Frauen benachteiligt: Während bei gleichen Ausgangswerten die Muskelkraft bei der Frau durch körperliches Training im Mittel um etwa ein Viertel zunimmt, lässt sie sich beim Mann um fast zwei Drittel steigern. Dafür sind in erster Linie die Androgene, die männlichen Geschlechtshormone, verantwortlich.

Mit zunehmender körperlicher Belastung steigt der **Energieumsatz**. Dieser ist in der Ruhephase bei Frauen niedriger als bei Männern. Aber bei Sportarten, die mit einer Beanspruchung des gesamten Körpers verbunden sind, ist der Energieverbrauch bei Frauen höher als bei Männern. Das hängt u.a. mit dem größeren Fettanteil des weiblichen Körpers zusammen.

Auch hinsichtlich der **Kreislauffunktion** gibt es geschlechtsspezifische Unterschiede. Frauen haben im Verhältnis zum Körpergewicht ein kleineres Herz. Im Ruhezustand sind Pulsfrequenz, Blutdruck und das pro Minute vom Herzen durchgepumpte Blutvolumen niedriger. Die Sauerstoff-Aufnahme ist ebenso vermindert. Dadurch ist die Leistungsfähigkeit auch im Verhältnis zum Körpergewicht deutlich geringer.

Kreislauf und vegetatives Nervensystem sind bei Frauen durch hormonelle Schwankungen weniger stabil und neigen bei extremen Belastungen leichter zum Kollaps. Auch auf langfristige Trainingsbelastung kann das Herz-Kreislauf-System der Frau nicht im gleichen Maße reagieren.

Insgesamt sind Frauen also bezüglich ihrer **körperlichen Leistungsfähigkeit** in der Regel Männern gegenüber unterlegen. Dennoch können auch sie ihre Leistungsfähigkeit beachtlich steigern und damit jeden schlecht trainierten Mann weit überflügeln.

Die körperliche Leistungsfähigkeit ist in erster Linie abhängig vom Alter und Trainingszustand der Muskulatur und des Kreislaufs. Die geringere Trainierbarkeit spricht auch in keiner Weise gegen ein intensives Leistungstraining bei Frauen. Für die Durchführung des Trainings gelten im Prinzip für beide Geschlechter die gleichen Richtlinien.

Grundsätzlich ist für Outdoor-Unternehmungen, die nicht mit besonderen sportlichen Aktivitäten verbunden sind, ein regelmäßiges körperliches Training nicht unbedingt Voraussetzung, es kann aber auch nicht schaden. Wichtig ist, dass man sich nicht mehr zumutet, als man sich wirklich auch zutraut, denn zu viel Ehrgeiz schadet eher. Deshalb ist es empfehlenswert, alle Aktivitäten möglichst gelassen anzugehen und sich nicht zu viel vorzunehmen - dann ist man hinterher auch weniger enttäuscht, wenn es nicht so klappt, wie man sich das vorgestellt hat.

Leistungsfähigkeit und weiblicher Zyklus

Sport, vor allem natürlich Leistungssport und extreme körperliche Anstrengung, kann erhebliche Auswirkungen auf den weiblichen Menstruationszyklus haben (späterer Beginn, Unregelmäßigkeiten oder Ausbleiben der Regelblutung). Umgekehrt hat aber auch der Hormonhaushalt einen bedeutenden Einfluss auf die körperliche Leistungsfähigkeit.

Viele (nicht alle!) Frauen beobachten, dass die körperliche Leistungsfähigkeit in der ersten Zyklushälfte, also in den ersten zwei Wochen nach der Regelblutung am besten ist. Während dieser Zeit kommt es zu einem Anstieg des weiblichen Geschlechtshormons Östrogen im Körper. Bei manchen Frauen beginnt das Leistungshoch bereits während der Menstruation. In der zweiten Zyklushälfte lässt die Leistungsfähigkeit wieder nach und sinkt bis zur nächsten Regelblutung ab. Diese Auswirkungen machen sich nicht immer bemerkbar, oft zeigen sie sich nur bei extremer körperlicher Belastung.

Trotz subjektiver Beschwerden ist auch während der Regelblutung die Leistungsfähigkeit oft kaum eingeschränkt.

☺ Sollten sich bei Ihnen die Zyklusschwankungen in Bezug auf die Leistungsfähigkeit bemerkbar machen, so empfiehlt es sich, bei der Planung einer Unternehmung, die eine hohe körperliche Leistungsfähigkeit abverlangt, darauf Rücksicht zu nehmen.

Bei Frauen, die die Pille nehmen, wirken sich diese Schwankungen je nach Präparat (Östrogen-Anteil) und der individuellen Verträglichkeit gewöhnlich weniger deutlich aus. Auch die Regelblutung ist zumeist schwächer und verursacht weniger Beschwerden.

Ob beim Laufen, Trekking, Bergsport, Biking etc.: Die geringere Leistungsfähigkeit bedeutet, dass Frauen einerseits mehr trainieren und andererseits mit ihren Kräften und körperlichen Leistungen besser haushalten müssen, um mit (gut trainierten) Männern mithalten zu können.

Es ist allerdings reine Verschwendung von Kraft und Nerven, als Frau in jeder Hinsicht mit Männern konkurrieren zu wollen. Übertriebener Ehrgeiz kann hier eher schaden, auch wenn es manchmal durchaus reizt, den Männern etwas zu beweisen. Frauen sollten, gerade wenn sie mit Männern unterwegs sind, soweit wie möglich ihr gewohntes Tempo und ihren Rhythmus einhalten.

☺ Lassen Sie sich durch Sticheleien und Provokationen nicht verunsichern! Zusätzlicher Ärger oder (übermäßige) Anstrengung, um einen Rückstand aufzuholen, kosten unnötig viel Kraft und sind letztlich wenig effektiv.

Nicht selten kommt es aber auch vor, dass Frauen schneller, ausdauernder oder in Bezug auf Fitness einfach "besser" sind, was viele Männer schwer verkraften können. Solche Männer sind oft nicht leicht zu "handhaben", wenn sie sich in ihrem Stolz verletzt fühlen. Dann ist es empfehlenswert, möglichst gelassen zu bleiben und diese Männer die weibliche Überlegenheit nicht allzu deutlich spüren zu lassen.

☺ Egal, ob Sie allein oder mit anderen unterwegs sind, wichtig ist immer, dass Sie nicht das Selbstvertrauen in die eigene Leistungsfähigkeit verlieren, auch wenn Sie sich gerade nicht absolut fit fühlen. Denn auch die psychische Verfassung ist für die körperliche Kondition von Bedeutung. Die Willenskraft spielt eine große Rolle. Manchmal hilft es schon, sich selbst immer wieder zu versichern, dass man das gesteckte Ziel erreichen kann.

☺ Bei längeren, anstrengenden ausdauersportlichen Aktivitäten, wie z.B. Bergsteigen oder Mountainbiken ist es in Bezug auf den Kräftehaushalt am "wirtschaftlichsten", wenn jeder "sein Tempo" einhält.

Wenn man in einer Gruppe unterwegs ist, lässt es sich aus Rücksichtnahme allerdings nicht immer vermeiden, dass man sich schneller oder langsamer fortbewegt, als man es allein tun würde. In bekanntem Gelände ist es dann manchmal besser, wenn die Gruppenteilnehmer sich vorübergehend trennen, um an vereinbarten Stellen, z.B. an der nächsten Wegkreuzung, immer wieder aufeinander zu warten. In unbekanntem Gelände oder bei Aktivitäten, bei denen einzelne Gruppenmitglieder wenig Routine oder Erfahrung haben, sollte die Gruppe unbedingt zusammenbleiben. In solchen Fällen gebieten die selbstverständliche Rücksichtnahme und auch die Vernunft, sich nach den "Schwächsten" der Gruppe zu richten.

Sollten Sie selbst evtl. dieses schwächste Glied sein, klären Sie mit ihren Begleitern lieber schon vorher ihr Verhalten, damit hinterher kein stressiger Ärger oder großer Frust entsteht.

Schwanger unterwegs

Schwangere brauchen auf Outdoor-Aktivitäten nicht zu verzichten. Schwangerschaft ist keine Krankheit, sondern ein physiologischer Zustand, der allerdings für den Körper eine erhebliche Umstellung und Belastung darstellt. Diese Umstellung macht vielen Frauen vor allem in der ersten Phase sehr zu schaffen. Zudem sind besondere Gesundheitsrisiken für die Schwangere und das ungeborene Kind zu berücksichtigen. Grundsätzlich sollten daher extreme körperliche Anstrengungen vermieden werden.

Bei unkompliziert verlaufender Schwangerschaft ist bis zum siebten Schwangerschaftsmonat jedoch gegen mäßig betriebene sportliche Aktivitäten und Reisen nichts einzuwenden, auch nichts gegen Flugreisen.

Schwangere, die regelmäßig Sport treiben, nehmen weniger Gewicht zu und können durch das Training Haltungsschäden und Rückenschmerzen sowie der Entstehung von Thrombosen und Krampfadern vorbeugen. Besonders geeignet sind Sportarten mit kontinuierlicher Belastung wie Schwimmen, (langsames) Laufen, Walking, Aerobic und Radfahren. Wenig empfehlenswert sind Mannschafts- und Kampfsportarten mit viel Körperkontakt (z.B. Hockey, Handball), oder eine Sportart mit hohem Sturz- und Verletzungsrisiko (z.B. Reiten, Schifahren, Snowboarden), abrupten Bewegungsabläufen (z.B. Squash) oder Pressen (z.B. Krafttraining mit schweren Gewichten, Bauchmuskelübungen). Das Tauchen sollte man ganz vermeiden.

Im letzten Schwangerschaftsdrittel ist sportlichen Betätigungen durch die zwangsläufige Bewegungseinschränkung und Kreislaufbelastung eine Grenze gesetzt.

Wenn Risikofaktoren (z.B. Bluthochdruck, andere Erkrankungen) vorliegen oder es schon einmal zu Früh- oder Fehlgeburten gekommen ist, ist von Fernreisen und anstrengenden Touren dringend abzuraten. Bei Aufenthalt im Gebirge sollten Schwangere Höhen über 2.000 m nicht überschreiten.

Warnsignale, bei denen eine sportliche Betätigung beendet werden muss, sind Schwindel und Übelkeit, Brustschmerzen, vaginale Blutungen, Unterleibsschmerzen oder vorzeitige Wehentätigkeit sowie verminderte Kindsbewegung.

Jede schwangere Frau sollte sich vor Antritt einer größeren Tour von Ihrem Frauenarzt untersuchen und beraten lassen! Leistungssportlerinnen, die während der Schwangerschaft weiter trainieren wollen, benötigen in jedem Fall ärztliche Betreuung.

Mit der Einnahme von Medikamenten sollen Schwangere grundsätzlich zurückhaltend sein, besonders während der ersten drei Schwangerschaftsmonate. Nur wenige Präparate gelten als völlig unbedenklich. Die meisten Antibiotika sind nicht erlaubt. Deshalb ist es bei (Infektions-)Krankheiten ratsam, sich zunächst ohne Medikamente, aber mit allgemeinen Maßnahmen (bei Durchfall z.B. Diät, Kohle- und Hefepräparate, Flüssigkeitsersatz, bei Fieber Umschläge etc.) zu behelfen.

Auch die meisten Medikamente zur Malariaprophylaxe sind während der Schwangerschaft nicht zulässig. Dies muss bei der Wahl des Reisezieles in Abhängigkeit von der aktuellen Resistenzsituation (Unempfindlichkeit der Erreger gegen bestimmte Wirkstoffe) unbedingt berücksichtigt werden. Während der Schwangerschaft kann die Malaria wesentlich schwerer verlaufen. Deswegen ist von Reisen in betroffene Gebiete während der Schwangerschaft grundsätzlich abzuraten.

Reisepartner

Allein oder mit Partner?

Jedes Mal, wenn ich mich endlich aufgerafft habe, mal wieder einige Tage allein auf Tour zu gehen, schwöre ich mir, dieses Erlebnis regelmäßig zu genießen. Leider ist dann die Hemmschwelle beim nächsten Mal doch wieder sehr hoch.

Klar, die Risiken, allein unterwegs zu sein, sind an sich schon höher, und für eine Frau erst recht. Selbst in unseren Breiten begegnet man solchen Vorhaben meist mit Unverständnis. Manchmal lohnt es sich aber, Konventionen hinter sich zu lassen.

Zwar sind wir eigentlich für das Zusammenleben geschaffen. Einige Tage allein mit sich selbst dienen aber oft dazu, den eigenen Zustand und die Grenzen zu erfahren. Viel zu oft schauen wir zu sehr auf die äußeren Gegebenheiten oder andere Menschen, anstatt uns auch mal mit uns selbst zu beschäftigen. Es heißt, in der Natur kann man sich selbst oder aber auch Gott erkennen. Ich persönlich habe beides erlebt und es hat mich jedes Mal total begeistert und aufgebaut.

Ganz abgesehen davon kommt man viel leichter in Kontakt mit der Umwelt, solange man allein ist. Mit Menschen genauso wie mit Tieren und Pflanzen. Das Misstrauen anderer sinkt, sobald sie sich überlegen fühlen. Wildschweine zum Beispiel, die gefährlichsten Wildtiere in gemäßigten Breiten, sind eigentlich immer recht gutmütig, außer sie fühlen sich bedroht. Quert man Wildtiere an einem Hang unterhalb, schneidet man ihnen den instinktiven Fluchtweg ab. Sie fühlen sich überrumpelt und können aggressiv werden.

Die erleichterte Kontaktaufnahme bringt aber nur in solchen Regionen Vorteile, in denen es landesüblich ist, mit einzelnen Frauen Kontakt zu haben, ohne sie als "Schlampen" anzusehen. In den wunderschönen Weiten der skandinavischen Wildnisgebiete, aber auch in den Alpen oder unseren Mittelgebirgen können einsame Trips so zur körperlichen und geistigen Kur werden.

Allerdings gehen mit Einzeltrips einige Probleme einher. Man kann zum Beispiel das Zelt nicht dem Partner aufbuckeln, trägt dazu noch Kocher und Geschirr allein und muss auch selbst Orientierungs-Fachmann sein. Wasserholen und Kochen, Zelt ab- oder aufbauen, alles muss selbst getan werden. Die Belastung ist nahezu doppelt so groß wie zu zweit.

Deswegen kann ich zu Einzeltrips, so schön und wertvoll sie sind, nur Frauen mit etwas mehr Erfahrung raten.

Reisepartnersuche

Gerade als Einstieg sind Outdoor-Unternehmungen zu zweit wesentlich sinnvoller. Man kann auch zu viert oder zu mehreren losziehen. Dies führt in outdoortypischen Belastungssituationen aber oft zu zwischenmenschlichen Problemen. Diese können durchaus die ganze Unternehmung zum Horror-Trip werden lassen. Besonders zu dritt besteht diese Gefahr.

Solche psychischen Probleme würde ich persönlich nur riskieren, wenn erstens klar ist, wer die Unternehmung führt und im Zweifelsfall das letzte Wort hat, wenn zweitens diese Person erfahren ist und auf andere Menschen eingeht, und wenn drittens die Gruppe auf einfachen Touren die Gelegenheit hat, zusammenzuwachsen. So einfach das in einer kurzen Aufzählung klingt, so kompliziert gestaltet sich dieses Unterfangen in der Praxis. In der Regel schaffen nur solche Gruppen einen harmonischen Trip, die sowieso seit längerer Zeit zusammengehören, z.B. kleine Freundeskreise, Jugendgruppen oder ähnliche Vereine.

Sollte sich aber mal eine Gelegenheit ergeben, mit ein paar gerade getroffenen Leuten aus dem Camp eine kurze Tour auf den nächsten Berg zu machen, dann müssen Sie sich überlegen, ob Sie das Risiko nicht trotzdem auf sich nehmen, es kann sich ja auch durchaus lohnen.

Ansonsten dürfte aber die Reise zu zweit den besten Einstieg ins kalkulierte Abenteuer bieten. Schon in der gemeinsamen Vorbereitung kann man gut einschätzen, ob man es zusammen aushalten wird. Ist man dann länger unterwegs, müssen Auseinandersetzungen eben ausgetragen werden. Besonders während der dritten Woche kommt es häufig vermehrt zu Streit. Dafür wird die Beziehung danach meist sehr wertvoll. Die ganze Unternehmung ist ein bisschen wie eine Ehe. Erst die Flitterwochen (gute zehn Tage), dann die Belastungsprobe im ersten Alltagsfrust (die dritte Woche) und dann die gegenseitige tiefe Wertschätzung bis ins hohe Alter. Okay, okay, der Vergleich ist schon sehr gewagt. Aber oft halten Outdoor-Freundschaften wirklich ein Leben lang und gehen auch sehr tief. In Ausnahmesituationen lernt man sich und andere eben auf eine viel intensivere Art kennen und auch schätzen.

So weit so gut! Aber woher einen Reisepartner nehmen, wenn nicht stehlen? Es soll ja tatsächlich Leute geben, die in ihrem Bekanntenkreis niemanden haben, der für läppische sieben Wochen mitkommen will, um Pinguine auf Queen-Maud-Land zu beobachten. Nur als Beispiel ...

Da gibt es dann diese **Reisepartnervermittlungen**, oft sogar mit Geld-zurück-Garantie, die mit guten Aussichten locken. Bei ihnen fündig zu werden, ist eigentlich nur möglich, wenn man zeitlich flexibel ist und keine zu genauen Vorstellungen von seinem Reiseziel hat. In diesen Fällen bekommt man über sie in der Regel einige Adressen Gleichgesinnter. Die kann man dann durchprobieren und durchaus einen Volltreffer landen.

Unter ungünstigeren Voraussetzungen wird man aber so gut wie garantiert kein Glück haben. Und das Geld (€ 30 oder auch mehr) gibt es keineswegs zurück, wenn man keinen Partner gefunden hat, sondern nur, wenn die Agentur keine entsprechenden Adressen zur Verfügung stellen konnte. Und das ist so gut wie nie der Fall.

Günstiger fährt man da eventuell mit einer **Anzeige** im "DAV-Magazin" oder in ähnlichen Zeitschriften. Auch da sind feste Termine aber der Beziehungskiller. Wer seine paar wenigen Wochen Urlaub nicht kurzfristig verschieben kann, muss entweder sehr früh anfangen zu suchen oder erhebliches Glück haben.

Günstig (zumindest mit Flatrate) und mit einiger Aussicht auf Erfolg ist die Suche im **Internet**. Einige Seiten bieten auch recht zweideutige Anzeigen oder versuchen indirekt oder direkt Geld mit Ihrer Suche zu verdienen. Aber in der Szene der Individualreisenden und Globetrotter gibt's auch viele Seiten mit weit gefächerten Möglichkeiten, geeignete Reisepartner zu finden:

Gute Internet-Adressen zur Reisepartnersuche:

- www.dzg.com/globetrotterforum/reisepartner
- www.globetrotter.de unter Forum - Reisepartner
- www.reisemeile724.de/reise-forum

Oder aber, und das dürfte in jedem Fall Erfolg versprechender sein, man sucht **persönlich**. Zum Beispiel in den schon erwähnten Gruppen. Hat man keine derartigen Möglichkeiten, sollte man sich überlegen, diese zu schaffen. Outdoor und Trekking hat ja klassischerweise viel mit Bergsport zu tun. So findet man eben im Deutschen Alpenverein viele Outdoorer. Aber auch in der Klettergruppe der nächsten Uni, bei den Altpfadfindern oder bei den Naturfreunden finden sich vielleicht gute Freunde. Ausgefallenere Orte, die Suche fortzusetzen, sind Zeltplätze, Jugendherbergen oder aber Basecamps auf den Dächern der Welt. Probieren Sie doch sonst den Einstieg einfach über den Summit Club des DAV, Hauser-Exkursionen, Suntrek-Reisen oder ähnliche Angebote, die in jedem besseren Reisebüro zu haben sind.

Sollte alles nichts nützen, müssen Sie vielleicht Ihre Ansprüche herunterschrauben und erst zwei Wochen auf Hüttentour durch die Alpen und danach mit einem neuen Partner drei Wochen durch die nordfinnische Seenplatte tippeln.

Andere Länder, andere Sitten...

Provokation oder Anpassung?

Sehr wichtig für das Vorbereiten einer Reise für die nicht pauschal verreisende Frau ist, intensiv die gesellschaftlichen und kulturellen Gegebenheiten des Ziellandes zu studieren. Reiseführer, Sendungen in Funk und Fernsehen, Reisebeilagen in der Tageszeitung, vor allem jedoch Erfahrungsberichte von Landeskundigen sind erste Informationsquellen, die zur gründlichen Reisevorbereitung unbedingt zu Rate gezogen werden sollten.

Es ist nicht nötig, sich mit der gesamten geschichtlichen Entwicklung des Gastlandes zu befassen. Inwieweit Sie sich damit beschäftigen, bleibt Ihnen und Ihrem persönlichen Interesse überlassen. Sie sollten sich aber nicht auf die Geschichte beschränken. Aus alten Quellen gewinnen Sie sonst vielleicht einen Eindruck über das Ziel Ihrer Reise, der heutigen Maßstäben nicht standhalten kann. Setzen Sie sich also mit aktuellen Quellen und Erfahrungsberichten auseinander.

Dies führt uns zu einem weiteren wichtigen Punkt: Sie sollten sich in den allermeisten Ländern hüten, die Maßstäbe des mitteleuropäischen Kulturkreises anzulegen. Beispielsweise gilt in vielen islamisch geprägten Ländern islamisches Recht, und es bestehen folglich Vorschriften oder Regeln, welche aus unserem Verständnis heraus unzeitgemäß oder für Frauen diskriminierend erscheinen. Dies mag durchaus der Fall sein. Sie müssen jedoch als Reisende bedenken, dass Sie zu Gast in diesem Land sind. Deshalb ist es besser, die dortige Gesellschaft zuerst einmal so zu akzeptieren, wie sie ist.

Sie erwarten Gastfreundschaft und schulden dem Gastland Respekt, den zu zeigen Ihnen vielleicht manchmal schwerfallen wird. Wir erwarten von Gästen in unserem Land jedoch dasselbe. Unsere Rechtsnormen und zwischenmenschlichen Verhaltensweisen sind in vielfacher Hinsicht lockerer als in fremden Ländern. Dies ist jedoch kein Grund, auf die Menschen im jeweiligen Land mit Verachtung oder Hochmut herabzublicken.

Auf jeden Fall ist es falsches und unkorrektes Verhalten, wenn Sie sich nicht dazu entschließen können, sich wenigstens an elementare Verhaltensweisen anzupassen. Dazu gehört leider auch, dass Sie sich als Frau zu Ihrem eigenen Schutz höchstens in bestimmten Ausnahmefällen in Gegenden begeben, welche von einheimischen Frauen gemieden werden.

Entsprechendes gilt für öffentliche Lokale oder Plätze, da der Aufenthalt von Frauen dort möglicherweise als ungehörig empfunden wird. Ihre Anwesenheit bringt Ihnen eventuell Proteste von Seiten der anwesenden Männer ein. Oder aber Ihre Anwesenheit wird so gedeutet, dass Sie die Möglichkeit sexueller Annäherungen anbieten. Dass dies von Ihnen gar nicht beabsichtigt sein könnte, kommt dem Mann in einer solchen Situation nicht in den Sinn. Er schließt vom Verhaltenskodex seines Landes auf Ihr Verhalten und deutet daher Ihre vermeintliche Offenheit aus seiner Sichtweise heraus richtig.

Ein anderer Aspekt ist die Stellung der Frau in der Gesellschaft des Gastlandes. Als Geschlechtsgenossin haben Sie im Gegensatz zu männlichen Reisenden in vielen Ländern Arabiens und Asiens die Möglichkeit, mit einheimischen Frauen ein unverfängliches Gespräch zu beginnen. Falls dies nicht an der Sprachbarriere scheitert, werden Sie mehr über Land, Leute und ihre Gewohnheiten erfahren, als Sie im besten Reiseführer nachlesen können. Wenn Ihnen auch dabei bestimmte Aspekte des Zusammenlebens der Geschlechter rückständig oder gar empörend vorkommen, sollten Sie selbstverständlich nicht durch ständige Erzählungen nach dem Muster: "Bei uns zu Hause ist das alles viel besser ... bei uns wird das ganz anders gemacht ..." Ihre Gastgeber oder Gesprächspartner in Verlegenheit bringen oder beleidigen. Sie sind in ihrer Gesellschaft aufgewachsen und mit ihr vertraut, sie gibt ihnen Halt.

Entweder Ihre Gesprächspartner kennen unsere Gesellschaft nicht oder nur durch Erzählungen Dritter, dann werden sie Sie nicht verstehen. Wenn sie die westliche Welt jedoch kennen und sich schon einen Eindruck gebildet haben, dann werden sie eventuell beschämt sein, beispielsweise wenn es sich um fortschrittliche Menschen handelt. Sie machen ihnen vielleicht auf unhöfliche Weise klar, für wie rückständig Sie sie halten.

Kleidung

Die in hiesigen Breiten mittlerweile für Frauen und Männer herrschende beinahe völlige Freiheit in der Art sich zu kleiden ist in vielen Ländern der Erde nicht gegeben. Oft sind eventuelle Kleidungsvorschriften zumindest in der Öffentlichkeit zu respektieren. Wer sich locker kleiden will, sollte dies wenigstens in Abstimmung mit diesen Vorschriften oder Gebräuchen tun.

Das gilt natürlich auch, wenn Sie einen Tag am Strand oder in einem öffentlichen Park verbringen möchten. In so manchem Land ist es einfach nicht üblich, dass Frauen sich in diesem Fall in Bikini oder Shorts bewegen. Wenn Sie es trotzdem tun, könnten Sie aber leicht in eine unangenehme Situation kommen. Mit Sicherheit stehen Sie als Europäerin im Mittelpunkt des Interesses, und man wird Sie, falls Sie keine männliche Begleitung haben, in den allermeisten Fällen ziemlich schamlos anstarren.

Diese Situationen sind wiederum für den einheimischen Mann kein Anlass, über das eigene Verhalten oder über die eigene Gesellschaft nachzudenken. Sie werden auch nicht danach beurteilt werden, wie Sie sich zu Hause verhalten könnten, es zählen allein die Sitten des Gastlandes.

☺ Bei Aufenthalten in warmen Ländern sollten Sie stets darauf achten, dass Ihre Kleidung den ortsüblichen Kleidungsvorschriften mehr oder weniger entspricht.

Das heißt nicht, dass Sie in Nordafrika nur im Tschador oder in Indien nur im Sari unterwegs sein dürfen. Einen Anhaltspunkt bieten diese Kleidungsstücke allemal, da Sie an ihnen sehen können, welche Körperteile von Stoff - möglichst nicht von einem knallengen Body - bedeckt sein sollten. Beispielsweise gilt es in Indien als anstößig für eine Frau, die bloßen Schultern zu zeigen oder ein ausgeschnittenes Kleidungsstück zu tragen.

Zweckmäßig für Outdoor-Reisende ist ohnehin strapazierfähige Kleidung, die mindestens die Beine und den Oberkörper komplett bedeckt. Dies bietet nicht nur einen Schutz vor neugierigen Blicken. Hier lässt sich das Nützliche mit dem Nötigen verbinden.

Außerdem werden Sie feststellen, dass Sie sich, entsprechend angepasste Kleidung vorausgesetzt, wesentlich freier bewegen können, als Sie es sich vielleicht im ersten Moment vorstellen. Beispielsweise mag Ihnen die Kleidung der arabischen Frau wie ein Gefängnis erscheinen. Aus der traditionellen Sicht heraus ist das Tragen dieser Kleidung jedoch die einzige Möglichkeit, sich in der Öffentlichkeit einigermaßen frei zu bewegen. Die Kleidung bietet einen halbwegs zuverlässigen Schutz vor unangenehmen Blicken oder Berührungen. Wenn Sie nun selbstbewusst auftreten, wird diese Schutzwirkung natürlich noch verbessert.

Verhaltensweisen

Viele Konflikte können bereits im Vorfeld vermieden werden, wenn man die Landessitten unvoreingenommen beobachtet und toleriert.

In vielen Ländern repräsentieren Sie ein Leben, das als freizügig und aufregend eingeschätzt wird. Zudem werden Europäerinnen wenn nicht für reich, dann immerhin für wohlhabend gehalten. Dies gilt besonders in entlegenen Landstrichen, wo nur wenige Menschen in ihrem Leben weiter gereist sind als bis zum nächsten Marktort.

Jedoch werden Sie gerade in solchen abgelegenen Gebieten mit der frappierendsten Art von Gastfreundschaft konfrontiert werden. In welchem Maße Sie diese annehmen dürfen und wollen, ist eine Frage der speziellen Gewohnheiten des fraglichen Landes. Hier ist es sehr wichtig, sich genauestens kundig zu machen, da einerseits eine Ablehnung der Gastfreundschaft als schwere Beleidigung angesehen werden kann, und Sie andererseits in vielen Ländern nur eingeladen werden, um das Prestige des Gastgebers zu erhöhen. Möglicherweise erfolgt die Einladung auch nur, um in Ihnen einen guten Eindruck des Gastlandes zu erwecken. In diesem Fall werden sich die Gastgeber nach einer Tasse Tee einfach nicht mehr um Sie kümmern, was für Sie dann das Zeichen zum Aufbruch sein sollte.

Ganz allgemein lässt sich für alle Reiseländer in etwa die folgende Liste von Grundverhaltensweisen zusammenstellen:

- ▷ Fassen Sie niemanden ungefragt an, halten Sie wenn möglich Distanz und ergreifen Sie nicht die Initiative, solange Sie sich im Gastland noch nicht gut auskennen. Berühren Sie keinen Asiaten am Kopf, da der Kopf als oberstes Körperteil als Sitz der Seele gilt.
- ▷ Zeigen Sie niemals mit den Fingern auf Personen, da dies als Respektlosigkeit gegenüber der betreffenden Person verstanden werden kann. Auch könnte sich die Person gegen ihren Willen in den Mittelpunkt des Interesses gerückt sehen. Wenn Sie in Richtung einer Person deuten wollen, sind Sie allerorten gut beraten, wenn dies nur durch eine Kopfbewegung geschieht.

▷ Steigen Sie niemals über am Boden liegende Personen, auf dem Boden liegende Speisen oder religiöse Gegenstände, da dies in vielen Kulturen als Erniedrigung verstanden werden könnte. In sehr vielen Ländern gelten die Füße als unrein, sie sollten sich daher beispielsweise niemals über dem Kopf einer Person befinden. Vermeiden Sie diese Situationen durch Umgehen der Person oder des Gegenstandes, falls dies nicht möglich ist, durch Beiseiteräumen oder einen kleinen Umweg.

▷ Berühren Sie niemanden mit den Füßen und zeigen Sie niemals mit den Füßen auf Personen, da dies als Kränkung empfunden werden könnte. Auch die Schuhe, an denen der Straßenstaub hängt, werden als extrem unrein angesehen und sind daher in vielen Ländern an der Haustür abzustellen. Wenn der Gastgeber in Socken oder Hausschuhen die Tür öffnet, dann ist es ratsam, ebenfalls innerhalb der Wohnung auf Schuhwerk zu verzichten, es sei denn, man wird ausdrücklich dazu aufgefordert, die Schuhe anzulassen.

Auch deuten Sie niemals mit dem ausgezogenen Schuh auf eine Person, es sei denn, Sie wollen eine Drohung sehr stark unterstreichen.

▷ Vermeiden Sie allzu intensiven Blickkontakt. Meist wird von einer Frau erwartet, dass sie dem Blick der Männer ausweicht, da das gegenseitige Anschauen als sexuelles Signal durchaus dieselbe Funktion haben kann wie bei uns, wenn es auch oft nicht so stark verbreitet ist. Außerdem könnte sich der oder die Angestarrte "auf den Schlips getreten" fühlen, denn in manchen Ländern gilt anstarren als äußerst unhöflich.

Dieses Problem lässt sich relativ leicht durch das Tragen einer dunklen Sonnenbrille umgehen.

▷ Beleidigen Sie niemanden, denn mit Beleidigungen werden Sie in den seltensten Fällen Ihr Ziel erreichen. Im Gegenteil, Ihr Gegenüber wird eine steinerne Maske aufsetzen und Sie werden nichts von dem bekommen, was Sie von der betreffenden Person erwarten. Schlimmstenfalls können Beleidigungen auch bei Angehörigen von sonst sehr disziplinierten Völkern zu unkontrollierten Ausbrüchen führen.

▷ Trinken Sie als Frau in der Öffentlichkeit möglichst keinen Alkohol. Dies ist in vielen asiatischen Ländern unüblich, zumindest sollte es nicht auf offener Straße geschehen. In arabischen Ländern ist es völlig undenkbar, außer Sie befinden sich mit Freunden in privater Umgebung.

Falls Ihnen in irgendeiner Form Drogen angeboten werden, gilt im Grunde dasselbe. Denken Sie auch daran, dass Sie durch deren Konsum leicht "außer Gefecht" gesetzt werden können. Vorsicht ist also auch hier geboten.

▷ Fotografieren Sie fremde Personen nur dann, wenn klar ist, dass Sie dadurch kein wie auch immer geartetes Tabu verletzen. In vielen einfach lebenden Volksstämmen ist der Glaube durchaus noch verbreitet, die Kamera könne dem Fotografierten die Seele rauben. Inwieweit dieser Aberglaube heutzutage nur noch dazu dient, Bakschisch zu kassieren, ist nicht immer klar zu erkennen.

Männer

So manche unangenehme Situation entsteht aus Unkenntnis der ortsüblichen Verhaltensweisen zwischen den Geschlechtern. So ist es z.B. für Europäerinnen nicht ratsam, mit Männern im Gastland in eine aus ihrer Sicht gar nicht zu Unrecht verfängliche Situation zu geraten.

Dies kann passieren, wenn Sie mit einem "Reiseführer" plötzlich in einer einsamen Gasse allein sind, insbesondere dann, wenn es in diesem Land unüblich ist, dass eine Frau sich mit einem fremden Mann allein in einem Raum oder auf einem Ausflug befindet. Der Mann versteht dann Ihr Verhalten, und das aus seiner Sicht völlig zu Recht, als Aufforderung, sich Ihnen zu nähern.

Der Mann erwartet in diesem Fall auch keine Zurückweisung bzw. er nimmt eine Weigerung bezüglich Kontaktaufnahme nicht ernst, da Sie ihm durch Ihr Einverständnis, mit ihm zu gehen oder mit ihm allein in einem Zimmer zu sein, quasi im Vorhinein Ihre "Bereitschaft" signalisiert haben.

Auch durch Schminke im unverhüllten Gesicht können Sie unter Umständen Signale an das andere Geschlecht aussenden, die so von Ihnen gar nicht beabsichtigt waren. Die gleiche Wirkung kann unter Umständen auch durch das Ansprechen eines Mannes auf offener Straße hervorgerufen werden.

Wie auch immer, Sie müssen den manchmal nicht eben leicht zu findenden Mittelweg zwischen Zurückhaltung und selbstbewusstem Auftreten beschreiten. Sie sichern sich damit im Erfolgsfall schon einen gewissen Respekt, der Sie bereits wie eine Art "Schutzschirm" umgibt.

☺ Wenn Sie aber schutzlos in einer prekären Situation mit einem Mann allein sind, dann können Sie sich in arabischen Ländern in vielen Fällen noch mit dem lauten Ausruf des Wortes "*aib*" vor dem Schlimmsten bewahren. Das Wort bedeutet soviel wie "Schande", und indem Sie es aussprechen, fordern Sie den Angreifer dazu auf, sich auf die traditionellen Verhaltensnormen zu besinnen. Gleichzeitig lenken Sie das Interesse aller sich in Rufweite befindenden Personen auf Sie.

Aber auch so simple Dinge wie ein "Ehering" offen getragen sowie Bilder von "Mann und Kindern" in der Brieftasche sind manchmal ein guter Schutz vor Übergriffen. Bestimmte Gegenden, vor denen Sie gewarnt wurden, können Sie eventuell in Begleitung einer größeren Gruppe besuchen. Sie könnten beispielsweise bei Reisebüros fragen, ob zur fraglichen Zeit Reisegruppen in der Nähe sind.

Lassen Sie sich aber nicht von Sprüchen wie "Das schaffen Sie als Frau alleine nie!" abschrecken. Nur wenn sachliche Gründe gegen ein bestimmtes Reiseziel sprechen, ist Zurückhaltung geboten.

Staatliche Gewalt

In vielen Staaten ist es wichtig, die dortigen Regeln und Gesetze möglichst genau zu befolgen. Das gilt besonders dann, wenn bekannt ist, dass Landesbewohner und Staatsgewalt nicht mit sich spaßen lassen oder sehr großer Wert auf völlige Unabhängigkeit des Staates gelegt wird. In diesen Fällen bieten sich nämlich für die Angehörigen der eigenen Botschaft bzw. des nächstliegenden Konsulats oftmals wenig Möglichkeiten, Ihnen schnell zu helfen, falls Sie durch eigenes oder fremdes Verschulden in die Hände von Polizei oder Militär geraten sind.

So ist es in vielen Ländern, wie z.B. in Kolumbien, gang und gäbe, alle an einem Verkehrsunfall Beteiligten, zumal wenn Ausländer verwickelt sind, erst einmal auf die nächste Polizeiwache mitzunehmen. Es ist nicht in allen Ländern garantiert, dass Sie von dort aus sofort mit der nächsten deutschen Auslandsvertretung in Kontakt treten können. Je nach den örtlichen Gegebenheiten kann das auch mal ein paar Tage dauern.

Aber auch in westlichen Ländern kann der Umgang mit der Staatsmacht durchaus problematisch sein. So ist es nicht ratsam, bei einer Fahrzeugkontrolle durch US-amerikanische Polizisten zu versuchen, das Fahrzeug ohne Aufforderung zu verlassen oder ins Handschuhfach zu fassen.

Für den Fall, dass Sie bestohlen wurden, sollten Sie aufmerksam darauf achten, dass Sie auf der Polizeiwache nicht schlecht beraten werden. Kleine Schmiergelder sind hier, wie z.B. in China oder Indien durchaus üblich, um eine "Gegenleistung" wie eine Verlustmeldung für die Versicherung zu erhalten. Diese sollten Sie jedoch genau prüfen, da faule Polizisten gerne statt "Diebstahl" einfach "Verlust" als Schadensursache angeben. Dies hat zur Folge, dass aus Ihrer Meldung keine weitere Arbeit entsteht, da ja auch kein "Fall" vorliegt. Dass Sie in diesem Fall von Ihrer Reisegepäckversicherung keinen Heller bekommen, versteht sich von selbst.

☺ Zu Ihrer Reisevorbereitung sollte also auf jeden Fall eine gute Übersicht über die Infrastruktur und die Gegebenheiten im Umgang mit Behörden gehören.

Auch bei der Beschaffung der nötigen Visa beim Konsulat oder der Botschaft des Gastlandes empfiehlt es sich, diesbezüglich vorher Erkundigungen einzuziehen. Sie können z.B. andere Antragsteller befragen, die das Land bereits kennen. Botschaft oder Konsulat des Gastlandes geben auch Auskunft darüber, ob die geplante Reiseroute vielleicht infolge politischer Wirren oder aufgrund einer militärischen Übung etc. zum geplanten Reisezeitpunkt empfohlen werden kann bzw. überhaupt möglich ist. Sollten Sie Hinweise erhalten, dass das Reisegebiet gefährlich ist, dann ist es durchaus ratsam, das entsprechende Gebiet zu meiden und gegebenenfalls doch eine andere Reiseroute zu wählen.

Bestimmte Regionen oder Provinzen sind für Ausländer oftmals nur schwer zu bereisen. Eventuell erhalten Sie keine Genehmigung, oder aber man versichert Ihnen, eine solche sei nicht nötig - mit dem Erfolg, dass Ihnen vor Ort mitgeteilt wird, ohne Erlaubnis sei an ein Fortkommen überhaupt nicht zu denken. Sie können nicht unbedingt davon ausgehen, dass diese Erlaubnis vor Ort dann auch erhältlich ist. Tibet oder Nordostindien mögen hier als Beispiele gelten, aber auch die Osttürkei ist nicht ohne Probleme zu bereisen.

Wichtige Internet-Adresse zu den aktuellen Reisewarnungen und Sicherheitshinweisen:

ℹ Auswärtiges Amt, 💻 www.auswaertiges-amt.de/www/de/index_html

Selbstverteidigung

Früh übt sich... - beim Klettern

Allzu viel kann man sich von einem kurzen Kapitel über Selbstverteidigung nicht erwarten. Ein praktisches Training, sei es spezielle Selbstverteidigung oder Kampfsport, kann dadurch keinesfalls ersetzt werden. Aber auch jahrelanges Training oder ein schwarzer Gürtel in einer Kampfsportart bieten keinen hundertprozentigen Schutz vor einem Angriff auf Leib und Leben: Es kann immer dumm laufen, man hat Pech und ist unterlegen.

Daher möchten wir Ihnen hier dringend empfehlen, sich nicht nur auf das Lesen dieses Kapitels oder auch eines speziellen Buches über Selbstverteidigung zu beschränken, sondern wirklich auch praktisch zu lernen und zu üben. Dabei ist es am sinnvollsten, sich für eine *Kampfkunst* zu entscheiden, bei der es in erster Linie auf Selbstverteidigung ankommt und weniger wie im klassischen *Kampfsport* auf Wettkampf. Denn die dabei einstudierten Regeln, die für den Wettkampf gelten, sind im Ernstfall auf der Straße überflüssig, ja sogar hinderlich.

Von vielen Sport- und Fitnessstudios oder Volkshochschulen werden Kurse zur Selbstverteidigung speziell für Frauen angeboten. Von "Schnell-Kursen", die oft nur wenige Stunden dauern, ist aber eher abzuraten. Denn dabei wird oft ein falscher Eindruck erweckt: Man fühlt sich vielleicht zu sicher und verliert den Sinn für die Realität. Sinnvoller ist es, eine realistische Selbstverteidigung (kein Modesport!) langfristig auszuüben.

Auch wenn man nicht unbedingt jede Technik perfekt beherrschen muss bzw. kann, gilt grundsätzlich: Nur durch regelmäßiges, möglichst jahrelanges Training kann man eine gewisse Sicherheit gewinnen. Betrachten Sie ein solches Training unter dem Aspekt, dass Sie in Ihrem gesamten täglichen Leben davon profitieren können. Wir möchten jeder Frau (und jedem Mann) egal in welchem Alter Mut machen, in dieser Hinsicht vorzubeugen, gerade wenn man viel allein unterwegs ist. Man kann dabei das Angenehme (z.B. sportliche Betätigung) mit dem Nützlichen (Selbstverteidigung) gut verbinden. Hier wollen wir uns aber gerade deshalb nur auf einige grundsätzliche Dinge beschränken.

Vorsicht

Natürlich ist es in erster Linie wichtig, sich möglichst erst gar nicht in Situationen zu begeben, die irgendwie gefährlich werden können, und das gilt insbesondere für Frauen. Dies sollte eigentlich selbstverständlich sein, ist es aber für viele nicht, wie Berichte über Gewaltverbrechen immer wieder zeigen. Dazu gehört beispielsweise, sich vor allem nachts bzw. allein nicht in einsame oder gefährliche Gegenden zu begeben, wo man keine Hilfe erwarten kann. Man sollte diesbezüglich auch den Rat von Einheimischen durchaus beachten. Das bezieht sich natürlich besonders auch auf mehr oder weniger flüchtige (Männer-)Bekanntschaften, ob es sich um Touristen oder Einheimische handelt. Auch ein **gesundes Misstrauen** ist besser als allzu große Vertrauensseligkeit. Noch gefährlicher kann es auch werden, wenn man sich auf Alkohol oder andere Drogen einlässt, weil die Gefahr wächst, sich nicht mehr unter Kontrolle zu haben.

Wichtig für das Verhalten ist **Wachsamkeit**. Damit ist gemeint, dass man nicht blindlings durch die Gegend läuft, sondern versucht, ein Gespür für Gefahrensituationen zu entwickeln, indem man Augen und Ohren offen hält. Allein das kann schon verhindern, dass man unangenehm überrascht wird.

Ebenfalls wichtig ist **selbstbewusstes Auftreten**: Untersuchungen haben ergeben, dass viele Straftäter sich allein durch selbstbewusstes Auftreten eines potenziellen Opfers abschrecken lassen, sei es, dass sie gar nicht erst angreifen oder dass sie sich erst später zurückziehen. Diese "psychische Waffe" kann also oft schon helfen, einen Angriff überhaupt zu verhindern. Das ist natürlich leichter gesagt als getan: Wenn man voller Angst ist, wird es schwerfallen, selbstbewusst aufzutreten.

In kritischen Situationen sollte man sich die mögliche Wirkung des eigenen Auftretens aber immer vor Augen halten und versuchen, zumindest nach außen hin keine Angst zu zeigen, und wenn alles nur gute Schauspielerei ist.

Flucht oder Angriff?

Wie soll man sich bei einer ernsthaften Bedrohung von Leben oder Gesundheit richtig verhalten? Ist es besser, sich mit allen zur Verfügung stehenden Mitteln nach dem Grundsatz der Notwehr zu verteidigen, oder hat man größere Chancen davonzukommen, wenn man sich alles gefallen lässt, um den Angreifer nicht noch zusätzlich zu provozieren? Über diese Frage streiten sich selbst Fachleute wie Kriminalisten oder Juristen.

In der Regel ist Flucht sicherlich der bessere Ausweg unter der Voraussetzung, dass sie überhaupt möglich ist bzw. gewisse Chancen bestehen, tatsächlich zu entkommen. Erscheint eine Flucht zunächst aussichtslos, kann man aber immer noch versuchen, sich eine Fluchtmöglichkeit zu schaffen.

Die Chancen für das Gelingen hängen von mehreren Faktoren ab, wie der äußeren Umgebung oder dem eigenen körperlichen Zustand im Vergleich zu dem des Angreifers (Bestehen Chancen, sich in zumutbarer Zeit irgendwo in Sicherheit zu bringen? Ermöglicht das umgebende Gelände eine Flucht? etc.). Besonders wichtig ist auch zu wissen, ob man mit Hilfe durch andere Personen bzw. die Polizei rechnen kann?

Ist man bereits in einer Situation, aus der man nicht mehr fliehen kann, gibt es prinzipiell zwei Möglichkeiten: Entweder man verhält sich passiv und lässt alles, was der Täter will, über sich ergehen, oder man versucht, sich so gut es geht zu verteidigen, und kann sich damit vielleicht die Flucht ermöglichen (z.B. durch Ausnutzen der Schrecksekunde).

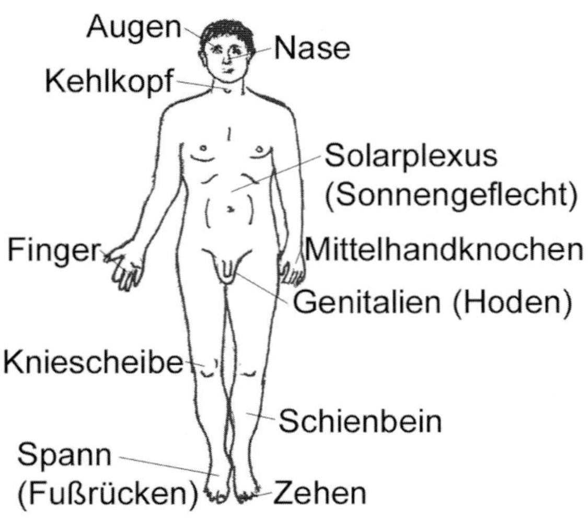

Abb.: Wichtige menschliche Schwachstellen

Dieses Verhalten kann natürlich auch dazu führen, dass der Täter erst recht provoziert wird und seine Aggressionen verstärkt werden. Deshalb hört man immer wieder das Argument, man sollte sich lieber nicht wehren: Wegen Geld lohne es sich nicht, eine Auseinandersetzung zu riskieren; als Frau solle man sich lieber vergewaltigen lassen usw.

Im Prinzip bleibt es natürlich jedem selbst überlassen, sich im Ernstfall zu wehren oder alles über sich ergehen zu lassen. Sicherlich kann in einigen Fällen, insbesondere bei übermäßig aggressiven Tätern, ein eher passives Verhalten der bessere Ausweg sein. Hat er allerdings die offensichtliche Absicht, einem das Leben zu nehmen, hat man sowieso nichts mehr zu verlieren. Unserer Meinung nach ist es in den meisten Fällen durchaus sinnvoll, sich zu verteidigen, auch wenn man keine Erfahrung in irgendeiner Kampfsportart hat. Wichtig dabei ist, dass man nicht vor Schreck wie gelähmt und dadurch handlungsunfähig ist, sondern einen klaren Kopf behält. Keine Situation ist völlig aussichtslos und Verbrecher sind auch nur Menschen, die ihre Schwachstellen haben!

Manchmal hilft es schon viel, **Zeit zu gewinnen**. Dies kann man erreichen, indem man den Angreifer irgendwie ablenkt. Allein durch Schreien, Reden oder lautes Beten konnten Opfer sich schon retten.

Eine sehr hilfreiche Möglichkeit ist das Ausnutzen der sogenannten **Schrecksekunde**: Dabei kommt es darauf an, den Täter auf irgendeine Weise zu schockieren, z.B. ihm Schmerzen zuzufügen, so dass er einen Moment lang mit sich selbst (und seinem Schmerz) beschäftigt und damit abgelenkt ist. Auch wenn es nur wenige Sekunden sind, kann diese Zeit ausreichen, um sich zu befreien, zu fliehen oder weitere Maßnahmen zur Verteidigung einzuleiten. Praktisch bedeutet dies, dass man ganz gezielt versucht, körperliche Schwachstellen des Angreifers zu treffen. Solche Schwachstellen sind am menschlichen Körper reichlich vorhanden.

Verteidigung ohne Waffen

Prinzipiell ist es für Opfer und Angreifer immer gefährlicher, wenn eine Waffe wie Stich- oder Schusswaffe im Spiel ist. Wird man mit einer Waffe angegriffen, ist die Situation kritischer, und man sollte mit Gegenwehr eher zurückhaltend sein, denn das ist bestenfalls etwas für Geübte.

Man kann hier jedoch keine grundsätzlichen Empfehlungen geben. Selbst mit einer Waffe ist keine Situation völlig aussichtslos, beispielsweise wenn der Täter unaufmerksam wird oder Schwachstellen zeigt.

Grundsätzlich ist vom Gebrauch von (Nahkampf-)Waffen zu Verteidigungszwecken eher abzuraten, da Angreifer dann oft aggressiver reagieren oder die Gefahr zunimmt, wenn es ihm gelingen sollte, die Waffe an sich zu reißen. "Spielereien" mit Waffen sind wenn überhaupt nur etwas für Erfahrene mit entsprechender Ausbildung. Selbst so gebräuchliche Mittel wie Gas-Sprays sind nicht ungefährlich, denn auch hier kann (z.B. bei Gegenwind) der "Schuss nach hinten losgehen". Es hat auch nur dann Sinn, wenn man es jederzeit und unverzüglich anwenden kann, ohne zuerst in irgendwelchen Taschen danach suchen zu müssen.

Abgesehen davon sind aber beinahe alle Arten von Gegenständen als Waffe zu gebrauchen. Im Prinzip gilt: Fast alles kann zur Waffe werden, wenn man es nur richtig benutzt. Typische Beispiele: der Schlüsselbund, der zum Bewerfen oder Verletzen des Gegners benutzt wird; eine Handvoll Sand oder Steine, die dem Angreifer ins Gesicht geworfen werden; Schuhabsatz oder -spitze bei einem Tritt gegen diverse Schwachstellen usw. Aber auch der menschliche Körper besitzt sehr effektive Waffen, wenn man sie nur richtig einsetzt: z.B. die Fingernägel oder kantige Knochen. Auch hier ist Einfallsreichtum gefragt, und es wird fast in jeder Situation eine Möglichkeit geben, ein einfaches Mittel als "Waffe" zur Verteidigung zu gebrauchen.

In bestimmten Gegenden und zu gewissen Zeiten ist ein vertrauter Begleiter die beste Vorbeugung. Und wenn Sie inzwischen den Eindruck bekommen haben, Individualreisen oder Outdoor-Unternehmungen seien ohnehin nichts für Sie, dann sollte das nicht an diesen Informationen liegen, die in fast allen Fällen nur zur Vorbeugung und zur Ermutigung dienen sollen. Je umfassender Sie vorbereitet sind, desto sicherer werden Sie sich fühlen und auch sein!

Anhang
Index

Früh übt sich... - im Kajak

Checkliste für die Reisevorbereitung

Etwa sechs Wochen vor der Abreise

- ☐ Reise-Handbücher besorgen und wälzen und/oder im Internet recherchieren
- ☐ Personalausweis/Reisepass noch lang genug gültig?
- ☐ Visum beantragen, falls notwendig
- ☐ intern. Studenten-/Jugendherbergs-/Camping-Ausweis
- ☐ Reise(-kranken-)versicherung, internationaler Krankenschein
- ☐ erforderliche Schutzimpfungen
- ☐ Arztbesuch, Reiseapotheke zusammenstellen

Bei Bedarf:

- ☐ Postnachsendeantrag stellen
- ☐ grüne Versicherungskarte/Autoschutzbrief/Benzingutscheine/
- ☐ internationaler Führerschein

Kurz vor der Abreise

- ☐ Rechnungen begleichen, evtl. Bankvollmacht übertragen
- ☐ Schlüsselgewalt übertragen, Papiere entsprechend herrichten
- ☐ Tickets besorgen, Schecks abholen, Geld umtauschen
- ☐ benötigte Kleidung evtl. waschen
- ☐ Ausrüstung herrichten
- ☐ Pflanzen versorgen
- ☐ Kühlschrank leeren, abtauen
- ☐ Zeitung, Daueraufträge kündigen
- ☐ Standby-Geräte ausstecken
- ☐ Wasser, Heizung, Elektrogeräte ab- oder entspr. einstellen
- ☐ Fenster und Türen schließen, Hausschlüssel sicher deponieren
- ☐ Anrufbeantworter einstellen

Für die Fahrt / den Flug

- ☐ Garnitur Funktionsunterwäsche
- ☐ Reisehose
- ☐ Wetterschutzjacke
- ☐ Mütze/Hut
- ☐ Wanderschuhe

- ☐ Geldgürtel/Brustbeutel
- ☐ Tasche für Papiere/Schreibzeug
- ☐ Taschenmesser (beim Flug nicht mit ins Handgepäck)
- ☐ Schokolade/Traubenzucker oder andere Süßigkeiten

Bei Bedarf:

- ☐ zwei Paar Socken
- ☐ Uhr/Kompass/Höhenmesser/Karte
- ☐ Feuerzeug/Notverbandpäckchen
- ☐ Kamera, ggf. Ersatzfilme/Austauschkarte, (Ersatz-)Akkus, Chips
- ☐ komplette Wärmeschicht, bei Flugreisen in anderes Klima im Handgepäck
- ☐ Handschuhe/Schal/Gamaschen/Sonnenbrille (evtl. im Handgepäck)

Evtl. im Handgepäck

- ☐ Reiselektüre
- ☐ Reiseproviant
- ☐ Reiseapotheke
- ☐ Gastgeschenke
- ☐ Adressliste
- ☐ Extrabeutel/Notrucksack
- ☐ kleine Reiseschere
- ☐ Zahnputzzeug

Bei Bedarf:

- ☐ Taschenlampe/Stirnlampe/Kerzen
- ☐ Wörterbuch
- ☐ Steckdosenadapter
- ☐ Brille/Zweitbrille/Kontaktlinsen mit Pflegemittel
- ☐ Wecker
- ☐ Tagebuch
- ☐ Liederbücher/Musikinstrumente
- ☐ Regenschirm
- ☐ Mobiltelefon mit Ladegerät

Im Rucksack: (evtl. geschützt durch Trekkingsack)

- ☐ (ein) warmer Pulli, falls der nicht schon getragen wird
- ☐ (eine) lange Unterhose oder Strumpfhose

- ☐ (ein) Ersatz-Shirt
- ☐ (eine) Ersatzhose
- ☐ (zwei) Garnituren Ersatzunterwäsche
- ☐ (zwei) Paar Ersatzsocken
- ☐ evtl. Ersatzschuhe/Sandalen
- ☐ Wassersack oder Feldflasche (mind. 1 l, am besten warmes Tee-Saft-Gemisch; insges. mind. 2 l, besser 4 l)
- ☐ Essbesteck, Becher
- ☐ Kochgeschirr (Essgeschirr)
- ☐ Kocher mit Brennstoff
- ☐ Wasserentkeimer/Filter
- ☐ kleines Geschirrtuch
- ☐ (zwei) Stofftaschentücher
- ☐ Kamm/Bürste
- ☐ biologisch abbaubare Seife (Syndets)/Haarwaschmittel/Hautpflegemittel
- ☐ Toilettenpapier
- ☐ (zwei) Waschlappen
- ☐ (zwei) Handtücher
- ☐ Badeanzug
- ☐ Nähzeug
- ☐ dünne Reepschnur für alles Mögliche
- ☐ Schlafsack
- ☐ Isoliermatte
- ☐ Schlaf-/Trainings-/Nacht-Anzug
- ☐ Zelt

Bei Bedarf:

- ☐ Waschmittel/Bürste/Schuhputzmittel/Imprägniermittel
- ☐ Nahrung für die nächsten Tage
- ☐ Poncho/Rucksackregenhülle
- ☐ Unterlage
- ☐ Hängematte
- ☐ Fernglas
- ☐ Haumesser/Klapp-Spaten

Vorschläge für eine Reiseapotheke

Die folgende Liste entspricht einer minimalen Standardausrüstung mit einer Auswahl von Medikamenten und Hilfsmitteln, die fast für jede Reise von Nutzen sind.

Sie erhebt jedoch keinen Anspruch auf Vollständigkeit. Wir empfehlen, diese Zusammenstellung nach Ihren eigenen Bedürfnissen und Erfahrungen zu ergänzen. Im Allgemeinen ist es besser, wenn man solche Medikamente verwendet, die man schon kennt. Zusätzlich kann man sich vom Arzt oder Apotheker beraten lassen.

Achten Sie darauf, dass Sie von Medikamenten, die für Sie wichtig sind, immer eine ausreichende Menge mitführen. Um Platz im Gepäck zu sparen, kann man die Verpackungen bzw. Schachteln weglassen und nur die wichtigen Sachen mitnehmen. Den Beipackzettel sollte man aber immer dabeihaben, um notfalls, z.B. bei Nebenwirkungen nachlesen zu können. Gerade bei Medikamenten und anderen Utensilien, die nur für den Notfall wichtig sind, kann man sich mit Mitreisenden absprechen, da nicht unbedingt jeder alles mitschleppen muss.

Es gibt einige wichtige Medikamente und Utensilien, die in jedes Gepäck gehören. Je nach Möglichkeiten und individuellen Bedürfnissen sowie der Reiseart und dem Reiseziel sollte die Reiseapotheke darüber hinaus ergänzt werden. In vielen Fällen kann man sich im Notfall damit selbst helfen.

Wichtiges zur Vorbeugung

- ☐ Sonnenschutzmittel mit Sonnenschutzfaktor (UV-A- und UV-B-Schutz, mind. LSF 15)
- ☐ Sonnenbrille, Sonnenhut
- ☐ Insektenschutz: Insekten abwehrende Mittel (Repellents), empfehlenswert mit den Wirkstoffen Diethyltoluamid (DEET) oder Bayrepel®; ggf. Moskitonetz, Insekten abwehrendes Spray zum Behandeln (Imprägnieren) der Kleidung, Insektenvernichtungsmittel etc.
- ☐ Bei Bedarf Kondome oder andere Verhütungsmittel

Wundversorgung, Verbandmaterial

- ☐ Instrumente: Schere, Pinzette, Einmalhandschuhe, Sicherheitsnadeln
- ☐ Verbandmaterial: Verbandpäckchen, Verbandmull, Mullbinden, Pflaster, Klebestreifen, elastische Binden, Dreiecktuch etc.

- ☐ Sprühverband, Desinfektionsmittel
- ☐ Wundsalbe oder -gel

Äußerliche Mittel gegen entzündliche und allergische Reaktionen der Haut

- ☐ Antihistaminika bei Sonnenbrand, Insektenstichen und Allergien, als Salbe, Gel oder Creme: z. B. Dimetinden, Clemastin, Bamipin
- ☐ Kortison-Präparate bei entzündlichen (z.B. Sonnenbrand) und allergischen Hautreaktionen, als Creme oder Lotion: z.B. Prednicarbat, Mometason, Triamcinolon, Fluocortolon

Mittel bei Erkältungskrankheiten, Schmerzen, Fieber

- ☐ entzündungshemmende, fiebersenkende und schmerzstillende Mittel: z.B. Acetylsalicylsäure (ASS), Paracetamol

Mittel gegen Verdauungsstörungen, Durchfall, Übelkeit, Erbrechen

- ☐ Mineralstoffpräparate zum Ersatz von Mineralien und Flüssigkeit (für Kinder gibt es ein spezielles Präparat)
- ☐ Mittel zur Behandlung und Vorbeugung von Durchfall: Medizinische Kohle (Carbo medicinalis), Mittel zur Ruhigstellung des Darmes: z.B. Loperamid, Hefe- oder Bakterienpräparate: z.B. Saccharomyces boulardii
- ☐ Mittel gegen Erbrechen und Übelkeit: z.B. Metoclopramid
- ☐ Mittel zur Behandlung von Verstopfung: Trockenobst, Leinsamen oder z.B. Bisacodyl

Ergänzungen in Abhängigkeit von Reiseart bzw. Reiseland

- ☐ Mittel zur Vorbeugung und Behandlung der Reisekrankheit als Zäpfchen, Tabletten Kaugummi oder Hautpflaster: z.B. Dimenhydrinat, Metoclopramid, Scopolamin
- ☐ Malariaprophylaxe und/oder (Standby-)Therapie: Insektenschutz (siehe oben) Medikamente zur Vorbeugung und ggf. zur Notfallbehandlung (Standby-Therapie): je nach Reiseland und Reiseart bzw. nach ärztlicher/reisemedizinischer Beratung

Sonstiges

- ☐ Fieberthermometer
- ☐ Desinfektionsmittel zur Raum- und Flächendesinfektion
- ☐ Mittel zur Trinkwasserdesinfektion (Filter oder Lösungen)
- ☐ Tampons, Binden oder Slipeinlagen (nicht in allen Ländern in guter Qualität erhältlich)

Index

www.WOICK.de
GPS-Navigation.
Satelliten-Handys für weltweite Sicherheit.
Bekleidung und Schuhe der größten Outdoor-Marken!
Kletterausrüstung, Zelte, Rucksäcke, Schlafsäcke und vieles mehr!
Outdoor
Trekking
Abenteuer
LEKI
An der A8, 1km von der Ausfahrt Stuttgart Flughafen
Plieninger Str. 21/50
70794 Filderstadt-Bernhausen
432 Seiten-Katalog kostenlos!
Tel: 0711 7096-700

Buchtipp
Ali Khandriche
Fotografieren
OutdoorHandbuch
Band 12
Basiswissen für draußen
Conrad Stein Verlag
107 Seiten
55 Illustrationen
ISBN 3-89392-312-8
ISBN 978-3-89392-312-0
OUTDOOR
BASISWISSEN FÜR DRAUSSEN
BASIXX
Fotografieren
▷ Ausrüstung
▷ Tipps für unterwegs
▷ Praktische Aufnahmetipps
▷ Die Themenbereiche
▷ Tipps zur Vermarktung
▷ Reisefotografie im Internet

Tour-Box + Shuttle!
Das einzigartige Hartschalenkonzept für Bike und Reise:
leichtes Polycarbonat
abschließbar
komfortable Innenausstattung
wasserdichter TIZIP-Reißverschluss
inklusive Gepäckträgerbefestigungen
GARANTIE 5 YEARS JAHRE WARRANTY
Kontakt: |D| Tel. +49-(0)9872-8000 |A| www.sportandoutdoor.com |CH| www.exped.com |BENELUX| www.jacobsons.nl (Bike) · www.lowa.nl (Outdoor)
WATERPROOF BIKE & OUTDOOR EQUIPMENT WWW.ORTLIEB.COM
ORTLIEB WATERPROOF

Buchtipps

Nicola Boll
Kochen 1
aus Rucksack und Packtasche
Band 8
OutdoorHandbuch
Conrad Stein Verlag
107 Seiten
15 Abbildungen
20 Illustrationen
ISBN 3-89392-608-9
ISBN 978-3-89392-608-4

- ▷ Einleitung
- ▷ Theorie - Grundlagen der Ernährung
- ▷ Die Küchenausrüstung
- ▷ Kocher und Lagerfeuer
- ▷ Tricks und kleine Kniffe
- ▷ Rezepte
- ▷ Die Kunst des Backens
- ▷ Listen

Claudia Erben
Kochen 2 für Camper
Band 99
OutdoorHandbuch
Conrad Stein Verlag
91 Seiten
14 Abbildungen
ISBN 3-89392-399-3
ISBN 978-3-89392-399-1

- ▷ Ausrüstung
- ▷ Vorräte, Packlisten
- ▷ Nudeln & Co.
- ▷ Kartoffelschmaus
- ▷ Reispfannen und -gerichte
- ▷ Suppen und Eintöpfe
- ▷ Gemüsevariationen
- ▷ Fleisch und Wurst
- ▷ Backen
- ▷ Backen in der Pfanne
- ▷ Salate

Buchtipp

Gisela Johannßen
Als Frau allein
auf der Via de la Plata
OutdoorHandbuch
Band 182
FernwehSchmöker
Conrad Stein Verlag
121 Seiten
24 sw Abbildungen
ISBN 3-89392-582-1
ISBN 978-3-89392-582-7

"Als Frau allein auf der Via de la Plata" schildert eine Aneinanderreihung kleiner unerwarteter Abenteuer, die sich zwangsläufig ergeben, wenn sich eine Frau bar aller Sicherheit in die Fremde aufmacht.
Das einzige was der Autorin beim Start der Via de la Plata bekannt war, war ihr Ziel. Ungewissheit auszuhalten und auf sich selbst zurückgeworfen zu werden, sieht die Autorin als eine große Chance für persönliches Wachstum. Und dafür war sie "ausgezogen".

Buchtipp

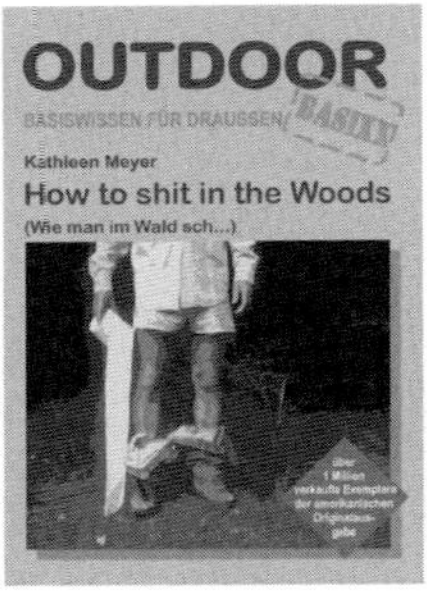

Kathleen Meyer
How to shit in the Woods
(Wie man im Wald sch...)
OutdoorHandbuch
Band 103
Basiswissen für draußen
Conrad Stein Verlag
115 Seiten
44 Abbildungen
ISBN 3-86686-103-6
ISBN 978-3-86686-103-9

Alle Bücher aus dem Conrad Stein Verlag

OutdoorHandbücher - Basiswissen für draußen

Band		€
1	Rafting	6,90
2	Mountainbiking	7,90
3	Knoten	6,90
4	Karte Kompass GPS	7,90
5	Essbare Wildpflanzen	7,90
6	Skiwandern	6,90
7	Wildniswandern	6,90
8	Kochen 1 aus Rucks. u. Packt.	7,90
9	Bergwandern	6,90
10	Solo im Kanu	6,90
11	Kanuwandern	7,90
12	Fotografieren	7,90
13	Wetter	6,90
14	Allein im Wald - Survival für Kinder	6,90
15	Wandern mit Kind	6,90
16	Sex-Vorb. Technik Varianten	6,90
20	Wüsten-Survival	7,90
21	Angeln	7,90
22	Leben in der Wildnis	7,90
24	Ratgeber rund ums Wohnmobil	7,90
25	Wale beobachten	7,90
30	Spuren & Fährten	6,90
31	Canyoning	7,90
34	Radwandern	7,90
35	Mushing - Hundeschlittenfahren	7,90
36	Gesund unterwegs	6,90
39	Erste Hilfe	7,90
45	Solotrekking	6,90
48	Für Frauen	6,90
58	Fahrtensegeln	7,90
65	Seekajak	6,90
68	Minimal Impact - Outdoor - naturverträglich	6,90
69	Abenteuer Teeniegruppe	6,90
70	Wintertrekking	6,90

Band		€
72	Schnorcheln und Tauchen	6,90
73	Trekkingreiten	7,90
77	Wohnmobil in USA und Kanada	9,90
86	Regenwaldexpeditionen	7,90
94	Wattwandern	7,90
97	Urlaub auf dem Land	7,90
99	Kochen 2 - für Camper	6,90
100	Ausrüstung 1 - von Kopf bis Fuß	7,90
101	Ausrüstung 2 - für Camp und Küche	7,90
102	Ballonfahren	7,90
103	How to shit in the Woods	7,90
104	Globetrotten	7,90
106	Daumensprung und Jakobsstab	6,90
108	DocHoliday - Taschendoktor für Outdoorer, Traveller und Yachties	6,90
120	Trailfinder - Orientierung ohne Kompass und GPS	6,90
129	Kochen 3 - für Zeltlager & Freizeiten	7,90
131	Zeltlager und Jugendfreizeiten - Planung und Vorbereitung	7,90
138	Zeltlager und Jugendfreizeiten 2 Durchführung	7,90
143	Trekking mit Hund	9,90
148	Wenn Kinder fliegen	7,90
165	Fastenwandern	6,90
170	Höhlen - Praxistipps	7,90
176	Vulkane erleben	7,90
181	Kurzweilfibel	7,90
184	Trekking Ultraleicht	9,90
197	Pilgern	7,90
199	Basiswissen für Wildnisführer	9,90
203	Geocaching	7,90
210	Wale erforschen	9,90

OutdoorHandbücher - Der Weg ist das Ziel

Band		€
17	Schweden: Sarek, Padjelanta, Abisco	12,90
18	Schweden: Kungsleden	12,90
19	Kanada: Yukon - Kanu- und Floßtour	12,90
23	Spanien: Jakobsweg	14,90
26	Schottland: West Highland Way	12,90
27	John Muir Trail (USA)	10,90
28	Island: Trekking Klassiker	12,90
29	Kanada: West Coast Trail	9,90
32	Polen: Radtouren in Masuren	12,90
33	Trans-Alatau (GUS)	10,90
37	Kanada: Bowron Lakes	10,90
38	Polen: Kanutouren in Masuren	12,90
40	Trans-Korsika: GR 20	14,90
41	Norwegen: Hardangervidda	12,90
42	Nepal: Annapurna	9,90
43	Schottland: Speyside Way	14,90
44	Tansania: Kilimanjaro	14,90
49	USA: Grand Canyon Trails	10,90
50	Kanada: Rocky Mount. Tageswand.	9,90
51	Tasmanien: Overland Track	12,90
52	Neuseeland: Fiordland	10,90
53	Irland: Shannon-Erne	12,90
54	Südafrika: Drakensberge	10,90
55	Spanien: Pyrenäenweg GR 11	12,90
56	Polen: Kanutouren in Pommern	12,90
57	Kanada: Great Divide Trails	10,90
59	Kanada: Wood Buffalo NP (Kanu)	9,90
60	Kanada: Chilkoot Trail	9,90
61	Kanada: Rocky Mountains-Radt.	10,90
62	Irland: Kerry Way	12,90
63	Schweden: Dalsland-Kanal	12,90
64	England: Pennine Way	12,90
66	Alaska Highway	12,90
67	Kanada: Rocky Mountains Rundtour	14,90

Band		€
71	Nordsp.: Jakobsweg-Küstenweg	14,90
74	Nordirland: Coastal Ulster Way	10,90
76	Pfälzerwald-Vogesen-Weg	9,90
78	Polen: Pisa-Narew (Kanuroute)	9,90
79	Bolivien: Choro Trail	10,90
80	Peru: Inka Trail u. Region Cusco	12,90
81	Chile: Torres del Paine Circuito	12,90
82	Norwegen: Jotunheimen	12,90
83	Neuseeland: Stewart Island	9,90
84	USA: Route 66	9,90
85	Finnland: Bärenrunde	9,90
87	F/CH/I: Montblanc-Rundweg - TMB	9,90
88	Griechenland: Trans-Kreta E4	12,90
89	Schweden: Skåneleden	9,90
90	Mallorca: Serra de Tramuntana	9,90
91	Italien: Trans-Apennin	9,90
92	England: Themse-Ring	9,90
93	Spanien: Sierra Nevada	12,90
95	Norwegen: Nordkap-Route	12,90
96	Polen: Czarna Hancza/Biebrza-Kanu	9,90
98	Wales: Offa's Dyke Path	9,90
107	F: GR 5 - Genfer See - Nizza	12,90
109	Mecklenb. Seenplatte Kanurundtour	9,90
112	Norwegen: Telemark-Kanal	9,90
113	Thüringen: Rennsteig	9,90
114	Alpen: Dreiländerweg (CH/A/I)	9,90
115	Tschechien: Freundschaftsweg	12,90
116	Spanien: Jakobsweg - Via de la Plata	14,90
117	Schweiz: Jakobsweg	12,90
118	Rund Australien	14,90
119	Schwäb. Alb: Hauptwanderweg	12,90
121	Italien: Dolomiten-Rundweg	9,90
122	D/CH: Schwarzwald-Jura-Weg	9,90
127	Uganda: Ruwenzori	14,90

Band		€
128	Frankreich: Jakobsweg GR 65	14,90
132	Dem Kommissar auf der Spur	12,90
133	NRW: Natur und KulTour (per Rad)	12,90
134	Mecklenburg- Vorpommern per Rad	9,90
135	Rund Schleswig - Holstein per Rad	9,90
136	Schweiz: Matterhorn - Tour du Cervin	9,90
137	Grönland: Arctic Circle Trail	12,90
139	Belgien: Jakobsweg - Via Mosana	9,90
140	Italien: Alpiner Wanderweg Friaul	12,90
141	Nordspanien: Jakobsweg Alternatir.	12,90
142	Jakobsweg Tillyschanz-Konstanz	9,90
144	Kanada: East Coast Trail	9,90
145	Dänemark: Bornholm z. Fuß u.p. Rad	9,90
146	Tschechien: Isergebirge	12,90
147	NRW: Jakobsweg	12,90
149	Nordsp.: Jakobsweg durch den Tunnel v. San Adrian	9,90
150	England: Cleveland Way	9,90
151	Kirgistan: Trekking im Tienschan	12,90
152	Nepal: Langtang, Gosainkund u. Helambu	12,90
154	Deutschland: Rothaarsteig	9,90
155	Deutschland Schweiz: Jakobweg Aschaffenburg - Freiburg	9,90
156	Südafrika: Wild Coast Trail	12,90
157	Österreich: Jakobsweg	14,90
159	Sächsische Schweiz: Trekkingtour	9,90
160	BB: Wochenendtouren rund um Berlin	9,90
161	Italien: Ligurischer Höhenweg	12,90
162	Frankr.: Jakobsweg - Via Tolosana	12,90
163	Harz: Hexenstieg	9,90
164	Teutoburger Wald: Hermannsweg	9,90
166	Frankreich Jakobsweg: Via Lemovicensis	12,90

Band		€
167	NL: Nordseeküstenradweg	12,90
168	Bulgarien: Rila- u. Piringebirge	12,90
169	Dänemark: Nordseeküstenradweg	9,90
171	Türkei: Lykischer Weg	9,90
172	Skandinavien: Nordkalottleden	12,90
173	Russland: Flusskreuzfahrt	14,90
174	England: Hadrian's Wall Path	9,90
175	Schweiz: Bärentrek	9,90
177	Frankreich: Wandern im Vercors	9,90
178	Mit dem Rad von Hamburg durch d. südliche Schleswig-Holstein	9,90
179	Dänemark: Ostseeküstenradweg	9,90
180	Deutschland: Nordseeküstenradweg	12,90
183	Österreich: Bregenzerwald	9,90
185	Portugal/Spanien: Jakobsweg Caminho Português	14,90
186	Italien: Franziskaner Wanderweg	9,90
187	Jakobsweg: München - Bregenz	9,90
188	Jakobsweg: Augsburg - Bregenz	9,90
189	BB: Pilgerweg Berlin - Wilsnack	9,90
190	Schottland: Central Highlands & Cairngorms National Park	9,90
192	Rund um Island	14,90
194	Deutschland Frankreich: Jakobsweg Trier - Vézalay	14,90
195	I: Sentiero Italia Trans Sardinien	9,90
196	Kenia: Mount Kenya	14,90
200	S-H: Wikinger-Friesen-Weg	9,90
201	Schweiz Italien: Via Francigena	12,90
202	Hessen: Kellerwaldsteig	9,90
212	Kanarische Inseln: Wanderungen auf La Gomera	12,90
218	NRW: 5 am Tag-Marathonroute in Welver	9,90

OutdoorHandbücher - Fernweh-Schmöker

Band		€
46	Blockhüttentagebuch	12,90
47	Floßfahrt nach Alaska	10,90
75	Auf nach Down Under	7,90
105	Südsee-Trauminsel	9,90
110	Huskygesang-Hundeschlittenfahrt	7,90
111	Liebe - Schnaps - Tod	7,90
123	Pacific Crest Trail	9,90
124	Zwei Greenhorns in Alaska	6,90
125	Auf dem Weg zu Jakob	9,90
126	Kilimanjaro-Lesebuch	7,90
130	1.000 Tage Wohnmobil	12,90
153	Jakobsweg - Lesebuch	7,90
158	Inselfieber	9,90
182	Als Frau allein auf der Via de la Plata	7,90
193	Weites Grünes Land	7,90
205	Als Frau allein durch Afrika	16,90

ReiseHandbücher

Antarktis	24,90
Grönland	14,90
Iran	22,90
Kiel	12,90
Kiel von oben - Luftbildband	9,90
Kurs Nord	24,90
Rumänien	14,90
Schweiz	18,90
Sibirien	22,90
Spitzbergen-Handbuch	22,90
Tansania Sansibar	22,90

Fremdsprech

Band		€
1	Oh, dieses Dänisch	4,90
2	Oh, dieses Schwedisch	4,90
3	Oh, dieses Spanisch	4,90
4	Oh, dieses Englisch	4,90
5	Oh, dieses Französisch	4,90
6	Oh, dieses Russisch	4,90
7	Oh, dieses Norwegisch	4,90
8	Oh, dieses Niederländisch	4,90
9	Oh, dieses Chinesisch	4,90
10	Oh, dieses Österreichisch	4,90